Kopf aus, Hände an

von Frank Kralemann

Buchbeschreibung:

Der Ansatz hier ist radikal: Wir müssen nicht erst unsere Gefühle ändern, um zu handeln – wir müssen handeln, um unsere Gefühle zu ändern. Wir warten nicht auf Sicherheit, bevor wir handeln – wir handeln, um Sicherheit zu gewinnen.

Das wird unbequem. Es wird herausfordernd. Es wird Mut erfordern. Aber es wird dein Leben verändern – nicht durch tiefgreifendes Nachdenken, sondern durch konsequentes Handeln.

Bist du bereit, den Schritt vom Denker zum Macher zu vollziehen? Dann lies nicht nur dieses Buch – setze es um. Jetzt. Heute. Seite für Seite. Übung für Übung.

Über den Autor:

Frank Kralemann ist ein erfahrener Autor. Erste Buchveröffentlichung 2007. Er schreibt über die Themen die ihn interessieren. Oft um überhaupt ein Bewusstsein für das Thema zu wecken und dem Leser seine Erkenntnisse mitzuteilen. Frank Kralemann wohnt in Ostwestfalen. Er ist Vater und Großvater.

Kopf aus, Hände an

Vom Grübeln zum Handeln

von Frank Kralemann

1. Auflage, 2025 Frank Kralemann

© 2025 Alle Rechte vorbehalten.

Verlag: BoD · Books on Demand GmbH,

Überseering 33, 22297 Hamburg,

bod@bod.de

Druck: Libri Plureos GmbH,

Friedensallee 273, 22763 Hamburg

ISBN: 978-3-7693-5023-4

Inhaltsverzeichnis

Kopf aus, Hände an

Warum Handeln wichtiger ist als Denken

Du hältst dieses Buch in deinen Händen, weil irgendetwas in deinem Leben nicht rund läuft. Vielleicht zögerst du bei wichtigen Entscheidungen. Vielleicht analysierst du Situationen immer und immer wieder, ohne zu einem Schluss zu kommen. Oder du verbringst so viel Zeit damit, über dein Leben nachzudenken, dass du vergisst, es tatsächlich zu leben.

Willkommen im Klub der Overthinking-Experten – einer Gemeinschaft, die wir hier gemeinsam verlassen werden.

Der Overthinking-Mythos: Warum mehr Denken selten bessere Ergebnisse bringt

"Ich muss nur noch etwas mehr darüber nachdenken." Dieser Gedanke hat schon Millionen guter Ideen, vielversprechender Chancen und potenzieller Glücksmomente im Keim erstickt. Die Wahrheit ist: Das Problem ist selten mangelndes Nachdenken. Das Problem ist, dass wir dem Denken zu viel Macht geben und dem Handeln zu wenig.

Stell dir vor, du stehst vor einem dunklen Raum. Du kannst von außen nicht sehen, was darin ist. Zwei Möglichkeiten: Du kannst stundenlang vor der Tür stehen

und darüber nachdenken, was sich hinter ihr verbirgt –
oder du kannst eintreten und das Licht anschalten. Nur
eine dieser Optionen bringt tatsächliche Klarheit.

Die Wissenschaft zeigt uns: Unser Gehirn ist auf
faszinierende Weise verdrahtet. Es erlangt Klarheit und
Sicherheit nicht durch das Analysieren von
Möglichkeiten, sondern durch das Sammeln von
Erfahrungen. Anders ausgedrückt: Das Gehirn lernt durch
Handeln, nicht durch Grübeln.

Ein überraschendes Forschungsergebnis aus der
Neuropsychologie bestätigt, dass Menschen, die schneller
ins Handeln kommen, nicht nur erfolgreicher sind,
sondern auch weniger Stress, Angst und Unsicherheit
erleben. Warum? Weil Handlung – selbst wenn sie zu
Fehlern führt – Feedback erzeugt, und Feedback erzeugt
Lernen, und Lernen erzeugt Meisterschaft.

Die versteckten Kosten des Zögerns und Grübelns

Das ständige Abwägen und Analysieren mag uns das
Gefühl geben, besonders umsichtig zu sein, aber es
fordert seinen Preis:

1. **Energieverschwendung**: Overthinking
   verbraucht enorme mentale Ressourcen, die für
   tatsächliche Lösungen eingesetzt werden könnten.

2. **Emotionaler Tribut**: Forschungen zeigen, dass
   Overthinking eng mit Angstzuständen und

Depressionen verbunden ist. Je mehr wir grübeln, desto negativer werden unsere Gedanken.

3. **Verpasste Möglichkeiten**: Während du zögerst, ergreifen andere die Initiative. Beim Overthinking geht es nicht nur um das, was du tust, sondern um alles, was du nicht tust.

4. **Entscheidungsparalyse**: Je mehr Optionen wir abwägen, desto schwieriger wird die Entscheidung – ein Phänomen, das Psychologen als "Entscheidungslähmung" bezeichnen.

5. **Verlust des Vertrauens**: Mit jedem Zögern erodiert dein Selbstvertrauen ein kleines bisschen mehr. Das Gehirn registriert: "Ich bin jemand, der nicht handelt" – ein gefährliches Selbstbild.

Ein drastisches Beispiel: Eine Studie der Cornell University ergab, dass das häufigste Sterbebett-Bedauern nicht die Dinge sind, die Menschen getan haben, sondern die Dinge, die sie nicht getan haben. Die unerwähnten Gefühle. Das nie gestartete Unternehmen. Das nie gewagte Risiko.

Über dieses Buch: Ein Fahrplan zum Handeln

Dieses Buch ist kein weiterer psychologischer Ratgeber, der dich zum Nachdenken anregt. Es ist ein Aufruf zum Handeln und ein präziser Fahrplan, wie du vom ewigen Denker zum entschlossenen Macher wirst.

Du wirst lernen:

- Die psychologischen Mechanismen hinter dem Overthinking zu verstehen

- Praktische, sofort anwendbare Techniken, um aus der Denkschleife auszubrechen

- Entscheidungen schneller und mit größerer Überzeugung zu treffen

- Mit Unsicherheit friedlich zu koexistieren, statt sie zu fürchten

- Eine neue Identität als handlungsorientierter Mensch zu entwickeln

Dieses Buch ist für dich, wenn du:

- Dich in deinen eigenen Gedanken verlierst

- Entscheidungen bis zum letzten Moment hinauszögerst

- Perfektionistische Tendenzen hast, die dich lähmen

- Soziale Ängste erlebst, die dich zurückhalten

- Eine Tendenz hast, Dinge zu überanalysieren

Der Ansatz hier ist radikal: Wir müssen nicht erst unsere Gefühle ändern, um zu handeln – wir müssen handeln, um unsere Gefühle zu ändern. Wir warten nicht auf Sicherheit, bevor wir handeln – wir handeln, um Sicherheit zu gewinnen.

Das wird unbequem. Es wird herausfordernd. Es wird Mut erfordern. Aber es wird dein Leben verändern – nicht durch tiefgreifendes Nachdenken, sondern durch konsequentes Handeln.

Bist du bereit, den Schritt vom Denker zum Macher zu vollziehen? Dann lies nicht nur dieses Buch – setze es um. Jetzt. Heute. Seite für Seite. Übung für Übung.

Denn am Ende des Tages ist es nicht wichtig, was du weißt oder verstehst. Was zählt, ist, was du tust.

TEIL 1: DIE PSYCHOLOGIE DES OVERTHINKING

Die Anatomie des Grübelns

Erinnerst du dich an das letzte Mal, als du nachts wach lagst, weil deine Gedanken nicht zur Ruhe kommen wollten? Vielleicht ging es um ein bevorstehendes Gespräch, eine wichtige Entscheidung oder eine peinliche Situation von vor drei Jahren, die plötzlich wieder hochkam. Die Gedanken kreisten. Wieder und wieder. Ohne Ergebnis, ohne Lösung, nur mit steigender Anspannung.

Das ist Overthinking in Reinform – und es ist weitaus mehr als nur ein gelegentliches Nachdenken.

Unterschied zwischen produktivem Denken und Overthinking

Denken an sich ist natürlich nicht das Problem. Es ist eine unserer größten Fähigkeiten als Menschen. Aber wie bei vielen Dingen, macht die Dosis das Gift.

Produktives Denken lässt sich durch folgende Merkmale charakterisieren:

- Es ist zielgerichtet und lösungsorientiert
- Es hat einen definierten Anfang und ein Ende
- Es führt zu Klarheit und Entscheidungen
- Es berücksichtigt relevante Informationen
- Es endet mit einem Handlungsplan

Overthinking hingegen:

- Dreht sich im Kreis ohne klares Ziel
- Hat kein natürliches Ende
- Führt zu mehr Verwirrung und Unsicherheit
- Bezieht oft irrelevante oder hypothetische "Was-wäre-wenn"-Szenarien ein
- Endet selten mit konkreter Handlung

Der Unterschied ist nicht immer offensichtlich. Manchmal beginnen wir mit produktivem Denken, gleiten aber unmerklich ins Overthinking ab. Wie erkennst du den Übergang? Achte auf diese Signale:

1. Du hast dieselben Gedanken bereits mehrfach durchgespielt ohne neue Erkenntnisse

2. Deine Gedanken werden zunehmend negativer und katastrophisierender

3. Du fühlst dich energieloser, je länger du nachdenkst

4. Du beschäftigst dich mit Szenarien, die extrem unwahrscheinlich sind

5. Du suchst nach der "perfekten" Lösung, die alle möglichen Probleme vermeidet

Ein Beispiel: Maria überlegt, ob sie einen neuen Job annehmen soll. Produktives Denken wäre: Sie listet Vor- und Nachteile auf, überlegt, wie der neue Job zu ihren langfristigen Zielen passt, spricht vielleicht mit einem Mentor darüber – und trifft dann eine Entscheidung.

Overthinking wäre: Sie spielt einen Monat lang täglich dieselben Argumente in ihrem Kopf durch, stellt sich vor, was alles schiefgehen könnte, macht sich Sorgen, was ihre Kollegen denken werden, überlegt, ob sie überhaupt qualifiziert genug ist, fragt sich, ob sie in fünf Jahren bereuen wird, nicht einen ganz anderen Karriereweg eingeschlagen zu haben – und verschiebt die Entscheidung immer weiter, bis die Gelegenheit verstreicht.

Die Grübelfalle: Wie wir uns selbst blockieren

Was in der Psychologie als "Cognitive Attentional Syndrome" (CAS) bezeichnet wird, ist im Grunde die Grübelfalle. Dabei handelt es sich um ein Muster des Denkens, bei dem wir:

1. Unsere Aufmerksamkeit selektiv auf potenzielle Bedrohungen und Probleme richten

2. Wiederholt über dieselben Inhalte nachdenken (Rumination)

3. Unproduktive Bewältigungsstrategien wie Vermeidung oder Gedankenunterdrückung einsetzen

Die Grübelfalle ist wie ein mentaler Quicksand: Je mehr du kämpfst, desto tiefer sinkst du ein. Warum? Weil Overthinking den Eindruck erweckt, wir würden etwas Produktives tun – wir "arbeiten ja an dem Problem". In Wirklichkeit ist es oft eine Form der Vermeidung.

Besonders tückisch: Overthinking kann sich als Vorsicht oder Gewissenhaftigkeit tarnen. "Ich bin eben gründlich", sagen viele Overthinking-Experten. Aber es gibt einen feinen Unterschied zwischen Gründlichkeit und lähmender Überanalyse.

Warum wir in Denkschleifen geraten und was im Gehirn dabei passiert

Auf neuronaler Ebene ist Overthinking eine Überstimulation des Default Mode Networks (DMN) – eines Gehirnnetzwerks, das aktiv wird, wenn wir nicht mit der Außenwelt beschäftigt sind. Normalerweise hilft uns das DMN beim Verarbeiten von Erfahrungen und beim Planen. Bei Overthinking gerät es jedoch außer Kontrolle.

Die Amygdala, unser emotionales Alarmzentrum, ist ebenfalls stark beteiligt. Bei anhaltendem Overthinking wird sie überaktiv und signalisiert ständig Gefahr, selbst wenn keine reale Bedrohung vorliegt. Dies erklärt, warum Overthinking oft mit Angstzuständen einhergeht.

Warum machen wir das überhaupt? Mehrere Faktoren spielen eine Rolle:

1. **Evolutionäre Veranlagung**: Unser Gehirn ist darauf programmiert, Gefahren zu erkennen. In der Urzeit war übermäßige Vorsicht überlebenswichtig. Heute, in einer komplexeren, aber physisch sichereren Welt, schießt dieses System oft über das Ziel hinaus.

2. **Erlernte Muster**: Wenn du als Kind erlebt hast, dass Vorsicht belohnt wurde, oder Impulsivität bestraft, entwickelst du eine Tendenz zum ausgiebigen Abwägen.

3. **Kulturelle Konditionierung**: Unsere Gesellschaft glorifiziert oft das Denken und wertet schnelles Handeln ab. "Erst denken, dann handeln" lernen wir von klein auf – aber niemand sagt uns, wann genug gedacht ist.

4. **Unbewusste Belohnungen**: Grübeln kann paradoxerweise beruhigend wirken, weil es uns

ein Gefühl von Kontrolle gibt und die Illusion, wir würden Fortschritte machen.

5. **Perfektionismusfalle**: Der Wunsch, keine Fehler zu machen, führt zur ständigen Suche nach der "perfekten" Option, die es in Wahrheit selten gibt.

Ein Beispiel aus der Forschung: Eine Studie an der University of Michigan untersuchte Menschen mit verschiedenen Entscheidungsstilen. Sie fand heraus, dass diejenigen, die schneller entschieden, nicht mehr Fehler machten als die "gründlichen Überleger". Tatsächlich berichteten sie über höhere Zufriedenheit mit ihren Entscheidungen – vermutlich weil sie nicht endlos darüber grübelten, was hätte sein können.

ÜBUNG: Deine persönliche Grübel-Landkarte

Bevor du weiterliest, nimm dir einen Moment Zeit für diese Übung:

1. Identifiziere deine Top-3-Grübelthemen: In welchen Lebensbereichen neigst du am meisten zum Overthinking? (z.B. Beziehungen, Karriere, Selbstwert)

2. Erkenne deine Grübel-Auslöser: Welche Situationen oder Gedanken lösen typischerweise eine Grübelschleife aus?

3. Spüre die Körperempfindungen: Wie fühlt sich Overthinking körperlich für dich an? Anspannung im Nacken? Engegefühl in der Brust? Unruhe?

4. Notiere typische Gedankenmuster: Welche Sätze kreisen immer wieder in deinem Kopf?

Diese Landkarte wird dir helfen, deine persönlichen Overthinking-Muster zu erkennen – der erste wichtige Schritt zur Veränderung.

Das Verstehen der Anatomie des Grübelns ist wie das Studium einer Krankheit: Es hilft uns, die Symptome zu erkennen und die Ursachen zu verstehen. Aber Wissen allein heilt nicht. Im nächsten Kapitel werden wir untersuchen, warum Overthinking eigentlich eine Vermeidungsstrategie ist – und damit den Weg für wirkungsvolle Gegenmaßnahmen ebnen.

Denken als Vermeidungsstrategie

"Ich muss nur noch alle Optionen abwägen, dann entscheide ich mich." "Ich will erst alle Risiken kennen, bevor ich starte." "Ich muss mich besser vorbereiten, dann kann ich es angehen."

Klingen diese Aussagen vertraut? Sie sind die Standardrechtfertigungen für Overthinking. Doch hinter diesen vernünftig klingenden Erklärungen verbirgt sich eine unbequeme Wahrheit: Oft ist Overthinking keine

Vorbereitungsstrategie, sondern eine raffinierte Form der
Vermeidung.

Die Illusion von Sicherheit durch Nachdenken

Unser Gehirn liebt Sicherheit. Unsicherheit fühlt sich für
es wie eine Bedrohung an. Und wenn wir uns bedroht
fühlen, suchen wir nach Wegen, dieses Gefühl zu
reduzieren. Hier kommt das Nachdenken ins Spiel – es
vermittelt uns die Illusion von Kontrolle.

Je mehr wir über eine Situation nachdenken, desto besser
vorbereitet fühlen wir uns. Desto sicherer erscheint uns
unser Weg. Desto geringer die Wahrscheinlichkeit von
Fehlern. Oder nicht?

Die Wahrheit ist paradox: Denken erzeugt keine echte
Sicherheit. Es erzeugt nur das Gefühl von Sicherheit –
und oft nicht einmal das. Tatsächlich führt Overthinking
häufig zu mehr Unsicherheit, nicht weniger.

Ein Forschungsteam der University of California führte
ein faszinierendes Experiment durch: Teilnehmer sollten
eine wichtige Entscheidung treffen. Eine Gruppe wurde
angewiesen, ihre Entscheidung analytisch zu
durchdenken, die andere sollte intuitiv entscheiden. Das
überraschende Ergebnis: Die "Denker" waren unsicherer
und unzufriedener mit ihrer Entscheidung als die
"Intuitiven".

Warum? Weil das Durchdenken aller möglichen
Szenarien und Konsequenzen uns die Komplexität und

Unvorhersehbarkeit des Lebens vor Augen führt. Je mehr wir nachdenken, desto mehr potenzielle Probleme sehen wir – ein Rezept für Paralyse.

Die echte Sicherheit kommt nicht vom Denken, sondern vom Handeln und dem daraus resultierenden Feedback. Nur durch Handlung gewinnen wir echte Daten, echte Erfahrungen und echtes Wissen darüber, was funktioniert und was nicht.

Wie Overthinking mit Angst zusammenhängt

Overthinking und Angst sind eng miteinander verwoben – so eng, dass es manchmal schwer zu sagen ist, was zuerst da war. Führt Angst zu Overthinking, oder führt Overthinking zu Angst? Die Antwort: beides.

Die Amygdala, unser emotionales Alarmzentrum im Gehirn, reagiert empfindlich auf Unsicherheit. Wenn wir uns einer unsicheren Situation gegenübersehen, wird sie aktiviert. Diese Aktivierung löst zwei Reaktionen aus:

1. Die körperliche Angstreaktion (erhöhter Herzschlag, flache Atmung, Anspannung)

2. Den Drang, über die Bedrohung nachzudenken, um sie zu neutralisieren

Dies erklärt, warum wir in Angstsituationen oft zu intensivem Nachdenken neigen. Das Problem: Dieses Nachdenken beruhigt die Amygdala nicht. Im Gegenteil, es hält sie aktiviert, indem es unsere Aufmerksamkeit auf die vermeintliche Bedrohung gerichtet hält. Ein klassischer Teufelskreis entsteht.

Dr. David Carbonell, ein Spezialist für Angststörungen, beschreibt diesen Mechanismus so: "Wir denken, dass wir uns durch das Nachdenken vor der Angst schützen. In Wirklichkeit füttern wir sie."

Besonders deutlich wird dies bei der Generalisierten Angststörung, deren Hauptmerkmal das übermäßige Sich-Sorgen ist. Betroffene berichten, dass sie sich durch das Nachdenken über potenzielle Probleme auf alle Eventualitäten vorbereiten wollen. Tatsächlich verschlimmert das Grübeln jedoch ihre Angstsymptome.

Handlungs- vs. Zustandsorientierung: Zwei fundamentale Persönlichkeitstypen

Der deutsche Psychologe Julius Kuhl hat eine faszinierende Theorie entwickelt, die erklärt, warum manche Menschen chronische Overthinking-Experten sind und andere schnell ins Handeln kommen.

Er unterscheidet zwischen zwei grundlegenden Persönlichkeitstypen:

1. **Handlungsorientierte Menschen** fokussieren auf das Tun. Wenn sie vor einer Aufgabe oder Entscheidung stehen, konzentrieren sie sich auf konkrete Schritte und Lösungen. Sie sind resilient gegenüber Rückschlägen und können negative Emotionen schnell regulieren.

2. **Zustandsorientierte Menschen** fokussieren auf den eigenen Zustand. Sie analysieren intensiv ihre Gedanken, Gefühle und die Situation. Bei Stress oder negativen Emotionen fällt es ihnen schwer, diese zu regulieren und ins Handeln zu kommen.

Kuhl's Forschung zeigt: Zustandsorientierte Menschen neigen deutlich stärker zu Overthinking und haben mehr Schwierigkeiten, Entscheidungen zu treffen und umzusetzen.

Ein Beispiel: Stell dir vor, zwei Personen erhalten negative Kritik bei der Arbeit.

Die handlungsorientierte Person denkt: "Das war unangenehm. Was kann ich daraus lernen? Welche konkreten Schritte kann ich unternehmen, um mich zu verbessern?" Sie fühlt sich kurz unwohl, fokussiert dann aber auf die nächsten Schritte.

Die zustandsorientierte Person hingegen gerät in eine Grübelschleife: "Warum hat sie das gesagt? Denken die anderen auch so? Was bedeutet das für meine Zukunft hier? Bin ich überhaupt für diesen Job geeignet?" Sie bleibt im Zustand des Unbehagens gefangen und kommt nicht ins Handeln.

Das Gute: Handlungsorientierung kann trainiert werden. Es ist keine fixe Persönlichkeitseigenschaft, sondern eine Fähigkeit, die du entwickeln kannst – und genau dabei wird dir dieses Buch helfen.

Overthinking als Vermeidungsstrategie verstehen

Wenn wir über etwas nachdenken, anstatt zu handeln, vermeiden wir in Wirklichkeit mehrere Dinge:

1. **Das Risiko des Scheiterns**: Wenn wir nicht handeln, können wir nicht scheitern – zumindest nicht offensichtlich. (Obwohl Nichthandeln oft das größere Scheitern ist.)

2. **Unangenehme Gefühle**: Handeln erfordert oft, dass wir Unsicherheit, Angst oder Unbehagen aushalten. Nachdenken erscheint als der angenehmere Weg.

3. **Verantwortung**: Solange wir nur denken, müssen wir keine Verantwortung für die Konsequenzen unseres Handelns übernehmen.

4. **Identitätsbedrohungen**: Handeln kann unser Selbstbild in Frage stellen. Was, wenn wir entdecken, dass wir nicht so kompetent, mutig oder resilient sind, wie wir denken?

Ein klassisches Beispiel ist der ewige Romanschreiber, der seit Jahren "an seinem Buch arbeitet", aber nie ein Kapitel fertigstellt. In Wirklichkeit vermeidet er nicht die Arbeit – er vermeidet das Urteil, die Möglichkeit der Ablehnung, die Konfrontation mit seinen eigenen Grenzen.

ÜBUNG: Deine Vermeidungsmuster erkennen

Nimm dir einen Moment Zeit und beantworte diese Fragen ehrlich:

1. Bei welchen wichtigen Themen in deinem Leben bist du im "Planungs-" oder "Recherchemodus" – seit Wochen, Monaten oder gar Jahren?

2. Welche Entscheidung vermeidest du, indem du mehr Informationen sammelst oder Pro-Contra-Listen erstellst?

3. Wenn du sofort handeln müsstest, ohne weitere Analyse – was wäre dein nächster Schritt? Warum tust du ihn nicht?

4. Welche Ängste oder unangenehmen Gefühle könntest du durch dein Nachdenken vermeiden?

Die ehrliche Beantwortung dieser Fragen kann ein entscheidender Wendepunkt sein – der Moment, in dem du erkennst, dass mehr Nachdenken nicht die Lösung, sondern oft das Problem ist.

Sich einzugestehen, dass Overthinking eine Vermeidungsstrategie ist, fühlt sich zunächst unangenehm an. Es bedeutet, dass wir uns selbst auf eine subtile Weise belogen haben. Aber diese Erkenntnis ist befreiend: Sie öffnet die Tür zu echtem Fortschritt und echtem Handeln.

Im nächsten Kapitel werden wir uns ansehen, was uns das ständige Zögern und Überlegen tatsächlich kostet – ein wichtiger Schritt, um die Motivation für Veränderung zu stärken.

Die wahren Kosten des Zögerns

Wir haben alle schon einmal den Satz gehört: "Gut Ding will Weile haben." Es gibt eine kulturelle Wertschätzung für Geduld und Bedächtigkeit. Und in manchen

Situationen ist das auch absolut richtig. Aber was, wenn das "Ding" nie fertig wird, weil wir in endlosen Vorbereitungen und Überlegungen stecken bleiben?

Die Kosten des Zögerns sind real – und oft weit höher, als uns bewusst ist.

Verpasste Chancen und der Preis des Nichthandelns

Der offensichtlichste Preis des Overthinking sind die verpassten Chancen. Mit jeder Gelegenheit, die du verstreichen lässt, während du noch überlegst, verschließt sich eine potenzielle Tür der Möglichkeiten.

Denk an Jeff Bezos, der seinen gut bezahlten Job an der Wall Street aufgab, um einen Online-Buchladen zu gründen – ein damals absurd erscheinendes Konzept. Hätte er weitere sechs Monate über alle möglichen Risiken nachgedacht, wäre Amazon vielleicht nie entstanden.

Oder denke an kleinere, persönlichere Beispiele:

- Der Jobwechsel, den du nicht gewagt hast

- Die Person, die du nicht angesprochen hast

- Das Hobby, das du nie ernsthaft verfolgt hast

- Die Reise, die du immer wieder verschoben hast

Mit jeder nicht ergriffenen Chance entsteht ein "Alternativkosten-Paradoxon": Du kannst nie genau wissen, was du verpasst hast – und das macht es so einfach, die Kosten des Nichthandelns zu ignorieren.

Eine Harvard-Studie mit Berufstätigen in der Lebensmitte ergab ein faszinierendes Ergebnis: Auf die Frage "Was bedauern Sie in Ihrem Leben am meisten?" antworteten über 76% mit Dingen, die sie nicht getan hatten – nicht mit Fehlern, die sie begangen hatten.

Das entspricht den Erkenntnissen des Psychologen Daniel Gilbert, der in seinem Buch "Stumbling on Happiness" schreibt: "In der Lebensspanne bereuen Menschen mehr die Dinge, die sie nicht getan haben, als die Dinge, die sie getan haben."

Wie Overthinking Lebensqualität, Erfolg und psychische Gesundheit beeinträchtigt

Die Kosten des Overthinking gehen weit über verpasste Chancen hinaus. Sie durchdringen alle Bereiche unseres Lebens:

1. **Psychische Gesundheit**: Chronisches Overthinking steht in direktem Zusammenhang mit:

   o Angstzuständen

   o Depressionen

   o Schlafstörungen

   o Stressbedingte Erkrankungen

   o Reduziertes Selbstwertgefühl

   Eine Langzeitstudie der University of Liverpool fand heraus, dass Menschen mit starker Neigung zum Grübeln ein bis zu dreifach erhöhtes Risiko haben, an einer klinischen Depression zu erkranken.

2. **Beruflicher Erfolg**: Overthinking kann die Karriere auf mehreren Ebenen beeinträchtigen:

- o Verpasste Beförderungschancen durch Zögern

- o Eingeschränkte Innovationsfähigkeit

- o Ineffizienz durch übermäßiges Planen

- o Entscheidungsmüdigkeit, die zu schlechteren Entscheidungen führt

Eine Studie mit Führungskräften ergab, dass die erfolgreichsten unter ihnen durch schnelle, entschlossene Entscheidungen charakterisiert waren – nicht durch endlose Analyse.

3. **Beziehungen**: In zwischenmenschlichen Beziehungen kann Overthinking zu:

- o Überinterpretation von Aussagen und Handlungen anderer

- o Verzögertem emotionalem Ausdruck

- o Angst vor Verletzlichkeit

- o Konfliktvermeidung, die zu ungelösten Problemen führt

4. **Lebensfreude**: Vielleicht der höchste Preis von allen:

- o Reduzierte Präsenz im Moment

- o Verminderte Fähigkeit, Freude zu empfinden

- o Ständiges Hinterfragen von Entscheidungen

- o Das nagende Gefühl, dass das Leben an einem vorbeistreicht

Stell dir zwei Menschen vor, die ihre Traumreise planen:

Person A recherchiert einige wesentliche Informationen, bucht dann Flüge und Unterkünfte und macht sich auf den Weg. Während der Reise passt sie ihre Pläne flexibel an und genießt auch die unerwarteten Erlebnisse.

Person B verbringt Monate damit, alle möglichen Optionen zu recherchieren. Sie liest hunderte Bewertungen, vergleicht endlos Preise, erstellt detaillierte Tagespläne mit Backup-Plänen. Sie verschiebt die Reise mehrmals, weil sie nicht sicher ist, ob sie die optimale Route gefunden hat.

Wer wird wohl am Ende die bereichernderen Erfahrungen machen?

Das Paradoxon: Warum Handeln unter Unsicherheit dich sicherer macht

Hier kommen wir zu einem der faszinierendsten Paradoxa des menschlichen Verhaltens: Je mehr wir uns Sicherheit wünschen, bevor wir handeln, desto unsicherer fühlen wir uns. Und umgekehrt: Je öfter wir trotz Unsicherheit handeln, desto sicherer werden wir.

Warum ist das so?

1. **Das Skill-Confidence-Paradox**: Fähigkeiten und Selbstvertrauen entwickeln sich durch Handlung, nicht durch Vorbereitung. Je öfter du handelst, desto kompetenter wirst du – und damit steigt dein Selbstvertrauen.

2. **Der Realitätstest**: Unsere Ängste über mögliche Konsequenzen sind fast immer übertrieben. Handeln konfrontiert uns mit der Realität, die fast nie so schlimm ist wie unsere Vorstellungen.

3. **Die Resilienz-Schleife**: Jedes Mal, wenn du trotz Unsicherheit handelst und die Konsequenzen überlebst (was fast immer der Fall ist), stärkst du deine psychische Widerstandskraft für zukünftige Herausforderungen.

4. **Der Progress-Effekt**: Handeln erzeugt Fortschritt, und wahrgenommener Fortschritt ist einer der stärksten Motivatoren für weitere Handlung.

Die Neurowissenschaftlerin Dr. Tara Swart beschreibt diesen Mechanismus so: "Wenn du handelst, auch wenn du Angst hast, werden im Gehirn neue neuronale Verbindungen gebildet. Diese signalisieren: 'Ich habe das getan und überlebt.' Mit jeder Wiederholung werden diese Verbindungen stärker, bis das neue Verhalten zur Gewohnheit wird."

Ein Beispiel: Sarah hatte extreme Angst vor öffentlichem Sprechen. Jahrelang vermied sie jede Gelegenheit, vor Gruppen zu sprechen, und las unzählige Bücher über Präsentationstechniken. Als sie schließlich gezwungen war, bei einer Firmenveranstaltung zu sprechen, stellte sie fest, dass es nicht annähernd so schlimm war wie befürchtet. Sie stolperte über einige Worte, aber niemand schien es zu bemerken. Diese eine Erfahrung gab ihr mehr Selbstvertrauen als alle Bücher, die sie gelesen hatte.

ÜBUNG: Deine persönliche Kosten-Nutzen-Analyse

Es ist Zeit, ehrlich zu dir selbst zu sein. Nimm dir ein Blatt Papier und teile es in zwei Spalten:

Auf der linken Seite liste alle potenziellen Kosten auf, die mit sofortigem Handeln in einer Situation verbunden sind, die du derzeit überanalysierst.

Auf der rechten Seite liste alle Kosten auf, die mit weiterem Zögern und Overthinking verbunden sind.

Wichtig: Beziehe für beide Seiten folgende Aspekte ein:

- Emotionale Kosten

- Zeitliche Kosten

- Finanzielle Kosten

- Kosten für deine Beziehungen

- Kosten für deine persönliche Entwicklung

- Langfristige Kosten (in 5-10 Jahren)

Wenn du diese Übung ehrlich durchführst, wirst du wahrscheinlich feststellen, dass die Kosten des Zögerns fast immer die potenziellen Risiken des Handelns überwiegen.

Die Kunst des kalkulierten Risikos

Natürlich geht es nicht darum, kopflos in jede Situation zu stürzen. Es geht um kalkuliertes Risiko – ein Konzept, das erfolgreiche Unternehmer und Führungspersönlichkeiten meisterhaft beherrschen.

Kalkuliertes Risiko bedeutet:

1. Die wichtigsten Faktoren identifizieren und bewerten

2. Den Worst-Case analysieren und einen Plan B haben

3. Dann entschlossen handeln, ohne perfekte Gewissheit zu erwarten

Jeff Bezos beschreibt seinen Entscheidungsprozess als "70% Regel": Wenn er 70% der Informationen hat, die er idealerweise hätte, trifft er eine Entscheidung. Warten auf 90% oder 100% ist zu langsam und oft kontraproduktiv.

Zusammenfassung: Der Preis des Wartens

Die wahren Kosten des Overthinking und Zögerns sind viel höher, als die meisten von uns zugeben wollen. Sie umfassen:

- Verpasste Chancen und Erfahrungen

- Beeinträchtigte psychische Gesundheit

- Eingeschränkter beruflicher Erfolg

- Belastete Beziehungen

- Reduzierte Lebensqualität und -freude

Das Paradoxe daran: Je mehr wir handeln, desto sicherer werden wir – nicht durch mehr Nachdenken.

In den nächsten Kapiteln werden wir konkrete Strategien kennenlernen, um aus dem Overthinking auszubrechen und ein handlungsorientiertes Leben zu führen – eines, das von Entschlossenheit, nicht von Zweifeln geprägt ist.

Der Weg zu mehr Handlungsfähigkeit beginnt mit dem Verständnis, dass wir zwar nicht alle Unsicherheiten des Lebens kontrollieren können, aber wir können kontrollieren, wie wir darauf reagieren. Und manchmal ist der mutigste Schritt der einfachste: aufhören zu denken und anfangen zu handeln.

TEIL 2: DIE GRUNDLAGEN DER HANDLUNGSKOMPETENZ

Die Neuropsychologie der Entscheidung

Hast du dich jemals gefragt, was in deinem Gehirn passiert, wenn du vor einer Entscheidung stehst? Warum manche Entscheidungen so quälend schwer erscheinen, während andere fast automatisch ablaufen? Die Antworten liegen in der faszinierenden Neuropsychologie der Entscheidungsfindung – und sie enthalten den

Schlüssel, um vom ewigen Grübler zum entschlossenen Entscheider zu werden.

Warum das Gehirn Klarheit durch Handeln und nicht durch Denken erlangt

Eine der überraschendsten Erkenntnisse der Neurowissenschaft lautet: Unser Gehirn ist nicht primär ein Denkorgan, sondern ein Handlungsorgan. Es hat sich über Millionen von Jahren entwickelt, um uns durch eine unsichere Welt zu navigieren – nicht durch endloses Nachdenken, sondern durch Handeln und Lernen aus den Konsequenzen.

Das präfrontale Cortex, unser "Denkhirn", ist evolutionär gesehen ein recht junger Teil unseres Gehirns. Es ist hervorragend darin, komplexe Probleme zu analysieren, aber es hat einen entscheidenden Nachteil: Es neigt dazu, in Schleifen zu geraten, besonders unter Stress oder bei Unsicherheit.

Professor Dean Mobbs von der Caltech University hat in seinen Forschungen gezeigt, dass das Gehirn in Situationen mit unklarem Ausgang in einen "Suchzustand" gerät. Diese neuronale Aktivität soll uns helfen, Klarheit zu gewinnen. Das Paradoxe daran: Dieser Suchzustand wird nicht durch mehr Denken aufgelöst, sondern durch Feedback aus der Umwelt – also durch Handeln.

Ein illustratives Experiment wurde von Neurowissenschaftlern an der Stanford University durchgeführt: Sie scannten die Gehirne von Teilnehmern, während diese komplexe Entscheidungen trafen. Die überraschende Erkenntnis: Die neuronale Aktivität beruhigte sich nicht durch längeres Nachdenken. Sie beruhigte sich erst, nachdem eine Entscheidung getroffen und umgesetzt wurde – selbst wenn die Entscheidung nicht optimal war.

Dies erklärt, warum wir uns oft erleichtert fühlen, nachdem wir endlich eine schwierige Entscheidung getroffen haben, selbst wenn wir uns nicht 100% sicher sind. Das Gehirn bevorzugt Klarheit über Perfektion.

Dr. Alex Korb, Neurowissenschaftler an der UCLA, erklärt es so: "Das Gehirn ist wie ein Muskel. Es wird nicht durch Denken stärker, sondern durch Handeln und das Lernen aus den Ergebnissen. Jede Handlung, selbst eine mit suboptimalem Ergebnis, liefert wertvolle Daten, die unser Gehirn zur Verbesserung nutzen kann."

Wie übertragen wir diese Erkenntnis in die Praxis? Indem wir verstehen, dass Klarheit ein Ergebnis von Handlung ist, nicht ihre Voraussetzung. Du wirst nicht erst klar sehen und dann handeln – du musst handeln, um klar zu sehen.

Der Entscheidungsmuskel: Wie Handeln trainiert werden kann

Die Fähigkeit, entschlossen zu handeln, ist wie ein Muskel. Sie wird durch regelmäßiges Training stärker und verkümmert bei Nichtgebrauch. Diese Entdeckung der Neuroplastizität – der Fähigkeit des Gehirns, sich durch Erfahrung zu verändern – ist revolutionär für Overthinking-Experten.

Jedes Mal, wenn du trotz Unsicherheit eine Entscheidung triffst und handelst, stärkst du neuronale Pfade in deinem

Gehirn, die mit Entscheidungsfindung und Handlung verbunden sind. Mit der Zeit werden diese Pfade dominanter und leichter zu aktivieren.

Dr. Kelly McGonigal, Psychologin an der Stanford University, beschreibt dies als "Willenskraft-Training": "Wie ein Muskel wird auch die Willenskraft bei ständigem Gebrauch ermüdet, aber langfristig durch konsequentes Training gestärkt."

Konkrete Wege, um deinen Entscheidungsmuskel zu trainieren:

1. **Start mit kleinen Entscheidungen**: Beginne mit niedrigschwelligen Entscheidungen wie der Wahl eines Restaurants ohne 20-minütiges Recherchieren der Bewertungen. Oder entscheide spontan, welchen Film du anschaust, ohne endlose Trailer zu sichten.

2. **Das 10-Sekunden-Prinzip**: Bei Alltagsentscheidungen gib dir maximal 10 Sekunden Zeit. Dann entscheide. Kein Aufschieben.

3. **Entscheidungsrituale entwickeln**: Routinen reduzieren die kognitive Belastung. Steve Jobs trug jeden Tag ähnliche Kleidung, um "Entscheidungsmüdigkeit" zu vermeiden.

4. **Mutige-Entscheidungs-Tag**: Reserviere einen Tag pro Woche, an dem du eine Entscheidung triffst, vor der du normalerweise zurückschrecken würdest.

5. **Entscheidungstagebuch führen**: Dokumentiere deine Entscheidungen und ihre Ergebnisse. Du

wirst feststellen, dass selbst "falsche" Entscheidungen selten katastrophal sind.

Eine Klientin namens Lisa implementierte dieses Training für drei Monate. Anfangs brauchte sie Stunden, um zu entscheiden, welches Projekt sie zuerst angehen sollte. Nach konsequentem Training ihres "Entscheidungsmuskels" konnte sie Prioritäten in Minuten setzen und mehr Zeit mit der eigentlichen Arbeit verbringen als mit der Entscheidungsfindung.

Maximizer vs. Satisficer: Warum "gut genug" oft besser ist als "perfekt"

Der Psychologe Barry Schwartz hat in seinem Buch "The Paradox of Choice" eine wichtige Unterscheidung eingeführt: Maximizer vs. Satisficer.

Maximizer streben nach der besten möglichen Option. Sie:

- Recherchieren erschöpfend alle verfügbaren Alternativen

- Vergleichen endlos verschiedene Optionen

- Haben sehr hohe Standards

- Grübeln auch nach der Entscheidung weiter, ob es nicht eine bessere Option gegeben hätte

Satisficer hingegen suchen nach einer Option, die "gut genug" ist – die ihre Kernkriterien erfüllt. Sie:

- Setzen klare Standards für das, was sie brauchen

- Hören auf zu suchen, sobald sie eine Option finden, die diese Standards erfüllt

- Treffen schneller Entscheidungen

- Sind mit ihren Entscheidungen zufriedener und grübeln weniger darüber nach

Schwartz' Forschung zeigt konsistent: Satisficer sind glücklicher, produktiver und weniger anfällig für Overthinking als Maximizer. Warum? Weil sie die psychologischen Kosten endloser Suche und Vergleiche vermeiden.

Ein Beispiel: Stell dir vor, du suchst ein neues Mobiltelefon.

Als Maximizer würdest du:

- Dutzende von Modellen vergleichen

- Unzählige Testberichte lesen

- Alle technischen Spezifikationen studieren

- Mit der Entscheidung warten, falls demnächst ein besseres Modell erscheint

- Nach dem Kauf weiterhin Preise vergleichen und dich ärgern, wenn du es woanders günstiger gefunden hättest

Als Satisficer würdest du:

- Deine wichtigsten Kriterien definieren (z.B. gute Kamera, ausreichend Speicher, unter 600 Euro)

- Eine kleine Auswahl an Optionen prüfen

- Das erste Telefon kaufen, das deine Kriterien erfüllt

- Die Entscheidung abschließen und dich auf die Nutzung freuen

Das Ergebnis? Der Satisficer hat längst ein Telefon, das seinen Anforderungen entspricht und genießt es, während der Maximizer noch immer in der Recherchephase steckt oder mit seinem Kauf unzufrieden ist, weil es irgendwo ein potenziell besseres Modell gibt.

Die Kunst des Satisficing ist nicht Mittelmäßigkeit, sondern intelligente Ressourcenallokation. Du erkennst, dass die Suche nach dem "Perfekten" oft mehr kostet – an Zeit, Energie und Zufriedenheit – als der potenzielle Mehrwert, den das "Perfekte" gegenüber dem "Gut Genug" bieten könnte.

Die neuronale Basis der Entscheidungslahmheit

Unsere Tendenz zum Overthinking hat auch eine neurologische Basis. Bei komplexen Entscheidungen mit vielen Variablen wird der präfrontale Cortex überfordert. Das Gehirn versucht, alle möglichen Szenarien zu modellieren, was zu "Analysis Paralysis" führt – einem Zustand, in dem die Flut an Informationen und Möglichkeiten so überwältigend wird, dass keine Entscheidung mehr möglich erscheint.

Studien mit funktioneller Magnetresonanztomographie (fMRT) zeigen, dass bei Overthinking folgendes passiert:

1. Überaktivität im präfrontalen Cortex (dem "Denkhirn")

2. Unteraktivität in den Basalganglien (die für Handlungsinitiierung wichtig sind)

3. Erhöhte Aktivität in der Amygdala (dem emotionalen Alarmzentrum)

Diese Kombination führt zu einem neuropsychologischen Zustand, der Handlung fast unmöglich macht. Die gute Nachricht: Durch gezielte Interventionen können wir diese neuronalen Muster umkehren.

Eine effektive Methode ist die "Präaktivierung" der Handlungsareale im Gehirn. Forschungen zeigen, dass bereits die Vorstellung einer körperlichen Handlung die für Bewegung zuständigen Hirnareale aktiviert. Bevor du eine schwierige Entscheidung triffst, visualisiere dich selbst beim Handeln – dies kann die neuronale Aktivität von den Grübel-Schaltkreisen weg und hin zu den Handlungs-Schaltkreisen lenken.

ÜBUNG: Das neuronale Reset

Wenn du merkst, dass du in einer Overthinking-Schleife gefangen bist, versuche diese vom Neurowissenschaftler Dr. David Rock entwickelte Übung:

1. **Körper in Bewegung bringen**: Steh auf und bewege dich für 2-3 Minuten intensiv (Hampelmänner, schnelles Gehen, Treppensteigen). Körperliche Aktivität unterbricht die Grübelschleife auf neurologischer Ebene.

2. **Fokus verschieben**: Konzentriere dich für 60 Sekunden intensiv auf einen externen sensorischen Reiz – etwas, das du siehst, hörst oder fühlst. Dies aktiviert andere Gehirnregionen und unterbricht das Overthinking.

3. **Entscheidung externalisieren**: Schreibe deine Entscheidungsoptionen auf und sprich sie laut aus. Dies verlagert die Verarbeitung vom überlasteten visuellen Cortex zum auditorischen System und schafft neue neuronale Pfade.

4. **Sofortige kleine Handlung**: Führe eine kleine, aber konkrete Handlung aus, die mit deiner Entscheidung zusammenhängt. Selbst eine winzige Aktion kann das Gehirn aus dem Grübelzustand in den Handlungszustand umschalten.

Diese Übung dauert weniger als 5 Minuten, kann aber einen erstaunlichen Unterschied machen, indem sie dein Gehirn neurochemisch "zurücksetzt" und den Weg für Entscheidungsfindung ebnet.

Zusammenfassung: Die neurologische Befreiung

Die Neuropsychologie bietet eine befreiende Perspektive auf Overthinking: Es ist kein Charakterfehler, sondern ein natürliches Muster des Gehirns, das wir umtrainieren können. Indem wir verstehen, wie unser Gehirn Entscheidungen verarbeitet, können wir mit ihm arbeiten, statt gegen es.

Die wichtigsten Erkenntnisse:

- Das Gehirn erlangt Klarheit durch Handeln, nicht durch mehr Denken

- Entscheidungsfindung ist eine trainierbare Fähigkeit, kein angeborenes Talent

- Die Suche nach der "perfekten" Option macht uns oft unglücklicher als die Akzeptanz einer "guten genug" Option

- Neurologische Techniken können Overthinking-Schleifen unterbrechen

Im nächsten Kapitel werden wir konkrete Strategien kennenlernen, um schneller und mit größerer Überzeugung Entscheidungen zu treffen – und damit den zweiten großen Schritt auf dem Weg vom Grübler zum Macher zu gehen.

Die Kunst der schnellen Entscheidung

Was wäre, wenn du deine Entscheidungszeit um 80% reduzieren könntest und gleichzeitig zufriedener mit deinen Entscheidungen wärst? Klingt unrealistisch? Genau das berichteten Teilnehmer, die die in diesem Kapitel vorgestellten Techniken anwendeten.

Entscheidungsfindung ist ein Skill – und wie jeder Skill kann er verbessert werden. Hier geht es nicht darum, übereilte oder leichtsinnige Entscheidungen zu treffen, sondern um eine effiziente, selbstbewusste und befreiende Art des Entscheidens.

Die 5-Sekunden-Regel: Wie du Entscheidungsmomente meisterst

Die 5-Sekunden-Regel, populär gemacht von Mel Robbins, ist eine der kraftvollsten Techniken gegen Overthinking. Sie basiert auf einem einfachen neurologischen Prinzip: Wenn wir einen Impuls spüren zu handeln, haben wir etwa 5 Sekunden, bevor unser Gehirn beginnt, uns auszureden, was wir eigentlich tun wollen.

So funktioniert sie:

1. Sobald du einen Impuls spürst, etwas zu tun (eine Person ansprechen, ein Projekt beginnen, eine E-Mail schreiben), zähle rückwärts: 5-4-3-2-1.

2. Bei "1" angelangt, handelst du sofort – ohne weiteres Nachdenken.

Die Wissenschaft dahinter ist faszinierend: Das Rückwärtszählen beschäftigt das analytische Gehirn, während du gleichzeitig einen "Startschuss" für die Handlung erzeugst. Es überbrückt die gefährliche Lücke zwischen Impuls und Aktion, in der Zweifel und Overthinking normalerweise zuschlagen.

Mel Robbins erklärt: "Wenn du einen Instinkt spürst, zu handeln und dann zögerst, wird dein Gehirn die Handlung abbrechen. Jedes Mal, wenn du zögerst, trainierst du dein Gehirn, nicht zu handeln."

Die 5-Sekunden-Regel ist besonders wirksam bei:

- Aufgaben, vor denen du dich drückst

- Sozialen Situationen, in denen du zögerst

- Momenten, wo Angst oder Unsicherheit dich zurückhalten

- Der Überwindung von Prokrastination

Ein eindrucksvolles Beispiel ist Sarah, eine Managerin, die immer zögerte, in Meetings ihre Meinung zu äußern. Sie begann, die 5-Sekunden-Regel anzuwenden: Sobald sie einen Gedanken hatte, den sie teilen wollte, zählte sie "5-4-3-2-1" und meldete sich dann zu Wort. Nach einem Monat berichtete sie nicht nur von mehr Selbstvertrauen in Meetings, sondern auch von einer Beförderung – teilweise aufgrund ihrer nun sichtbareren Beiträge.

Bauchgefühl vs. analytisches Denken: Wann man welchem vertrauen sollte

Eine der großen Fragen bei der Entscheidungsfindung lautet: Soll ich meinem Bauchgefühl folgen oder analytisch vorgehen? Die Forschung gibt uns eine überraschend klare Antwort: Es kommt auf die Art der Entscheidung an.

Zwei Entscheidungssysteme arbeiten in unserem Gehirn:

1. **System 1 (Intuition)**: Schnell, automatisch, emotional, unbewusst

2. **System 2 (Analyse)**: Langsam, anstrengend, logisch, bewusst

Der Psychologe Gerd Gigerenzer von der Max-Planck-Gesellschaft hat jahrzehntelang erforscht, wann welches System überlegen ist. Seine Erkenntnisse:

- Bei komplexen Entscheidungen mit vielen Variablen (Partnerwahl, Karriereentscheidungen, komplexen sozialen Situationen) ist oft die Intuition überlegen. Warum? Weil deine Intuition

Muster erkennen kann, die dein bewusstes Denken nicht erfasst.

- Bei strukturierten Problemen mit klaren Daten (Finanzentscheidungen, logistische Probleme) ist analytisches Denken meist besser.

- Je mehr Expertise du in einem Bereich hast, desto verlässlicher ist deine Intuition dort.

Ein berühmtes Experiment von Ap Dijksterhuis bestätigt dies: Teilnehmer, die komplexe Entscheidungen (wie die Wahl eines Apartments mit vielen Eigenschaften) intuitiv trafen, nachdem sie kurz abgelenkt wurden, waren mit ihrer Wahl zufriedener als jene, die analytisch entschieden.

Wie kannst du dies praktisch anwenden?

1. **Identifiziere die Art der Entscheidung**: Ist es eine komplexe Entscheidung mit vielen Faktoren? Oder eine logische Entscheidung mit klaren Kriterien?

2. **Der Magnet-Test**: Bei komplexen Entscheidungen stell dir jede Option vor und spüre, welche dich "magnetisch anzieht" oder welche Energie erzeugt. Das ist oft dein Unterbewusstsein, das Muster erkennt, die dir nicht bewusst sind.

3. **Die Münzwurf-Methode**: Wirf eine Münze, um eine Entscheidung zu treffen – aber nicht, um das Ergebnis zu akzeptieren. Achte stattdessen auf deine emotionale Reaktion, während die Münze in der Luft ist. Hoffst du auf Kopf oder Zahl? Diese

spontane Reaktion verrät oft deine wahre
Präferenz.

4. **Die Freund-Perspektive**: Stelle dir vor, ein
   Freund hätte dein Entscheidungsproblem und fragt
   dich um Rat. Was würdest du ihm raten? Diese
   Distanzierung hilft oft, intuitives Wissen
   zugänglich zu machen.

Ein Manager namens Robert stand vor der Entscheidung,
einen gut bezahlten, aber stressigen Job zu behalten oder
ein riskanteres Angebot bei einem Startup anzunehmen.
Nach wochenlangem Abwägen von Vor- und Nachteilen
war er noch immer unentschlossen. Ich schlug ihm die
Münzwurf-Methode vor. Als die Münze in der Luft war,
hoffte er instinktiv auf das Startup – und erkannte in
diesem Moment, was er wirklich wollte. Heute leitet er
die Produktentwicklung dieses inzwischen erfolgreichen
Unternehmens.

**Entscheidungsrahmen für komplexe
Lebenssituationen**

Für wichtige Lebensentscheidungen, bei denen sowohl
Intuition als auch Analyse eine Rolle spielen sollten,
bietet das WRAP-Modell (entwickelt von Chip und Dan
Heath) einen hervorragenden Rahmen:

W - Widen Your Options (Erweitere deine Optionen)
Overthinking-Experten neigen paradoxerweise dazu, nur
zwischen zwei Optionen zu wählen (entweder/oder), was
Entscheidungen schwieriger macht. Forschungen zeigen,
dass die Betrachtung von 3-5 Optionen zu besseren
Entscheidungen führt.

Technik: Frage dich "Und was wäre, wenn beide Optionen nicht verfügbar wären? Was würde ich dann tun?" Dies eröffnet oft überraschende dritte Wege.

R - Reality-Test Your Assumptions (Prüfe deine Annahmen) Unsere Annahmen über die Zukunft sind oft verzerrt. Wir überschätzen Risiken und unterschätzen unsere Anpassungsfähigkeit.

Technik: Suche den "Disconfirming Evidence" - Informationen, die deiner bevorzugten Option widersprechen. Oder noch besser: Führe ein "Vorher-Experiment" durch – einen kleinen Test deiner Option, bevor du dich voll commitest.

A - Attain Distance Before Deciding (Gewinne Distanz vor der Entscheidung) Emotionen können Entscheidungen verzerren. Distanz hilft, klarer zu sehen.

Technik: Die 10/10/10-Regel – Wie wirst du dich über diese Entscheidung in 10 Minuten fühlen? In 10 Monaten? In 10 Jahren? Diese Perspektive hilft, momentane emotionale Reaktionen einzuordnen.

P - Prepare to Be Wrong (Sei vorbereitet, falsch zu liegen) Keine Entscheidung ist sicher. Statt nach Sicherheit zu streben, plane für verschiedene Szenarien.

Technik: Definiere "Tripwires" – Indikatoren, die dir signalisieren, dass du deinen Kurs anpassen solltest. Dies gibt dir die Freiheit, zu entscheiden, ohne perfekte Voraussicht haben zu müssen.

Dieses Modell verhindert typische Overthinking-Fallen, indem es einen strukturierten, aber nicht überanalytischen Prozess bietet.

Die Entscheidungs-Triage: Schnell entscheiden, was schnell entschieden werden kann

Eine Hauptursache für Overthinking ist, dass wir jede Entscheidung mit der gleichen Intensität behandeln. Eine praktische Lösung ist die Entscheidungs-Triage – inspiriert vom medizinischen Konzept der Triage, wo Patienten nach Dringlichkeit sortiert werden.

So funktioniert sie:

Kategorie 1: Kleine Entscheidungen (2-Sekunden-Regel) Beispiele: Was zum Mittagessen? Welches T-Shirt anziehen? Welchen Film schauen? → Entscheide in 2 Sekunden. Keine Analyse. Die Konsequenzen sind minimal.

Kategorie 2: Mittlere Entscheidungen (2-Minuten-Regel) Beispiele: Eine moderate Ausgabe tätigen, eine E-Mail an einen Kunden verfassen → Gib dir maximal 2 Minuten Bedenkzeit. Vertraue dann deiner Intuition.

Kategorie 3: Große Entscheidungen (2-Stunden-Regel) Beispiele: Jobwechsel, Umzug, große Investitionen → Nimm dir bis zu 2 Stunden reine Entscheidungszeit (nicht Recherche). Nutze strukturierte Frameworks wie WRAP.

Kategorie 4: Lebensentscheidungen (2-Tage-Retreat) Beispiele: Heirat, Karrierewechsel, Auswanderung → Nimm dir 2 Tage Zeit, um zu reflektieren, zu meditieren, mit Vertrauten zu sprechen. Keine endlose Analyse, sondern tiefe Reflexion.

Das Revolutionäre an diesem System: Es setzt klare zeitliche Grenzen für den Entscheidungsprozess. Diese Grenzen verhindern das endlose Grübeln und zwingen dich, innerhalb eines vernünftigen Zeitrahmens zur Handlung zu kommen.

Eine Klientin, Lisa, implementierte dieses System und berichtete nach einem Monat: "Ich habe Stunden meines Lebens zurückgewonnen, die ich früher mit dem Abwägen trivialer Entscheidungen verbracht habe. Und das Erstaunliche: Die Qualität meiner Entscheidungen hat nicht gelitten – im Gegenteil."

ÜBUNG: Schnellentscheidungs-Training

Um deine Fähigkeit zu schnellen, selbstbewussten Entscheidungen zu trainieren, praktiziere folgende Übung für eine Woche:

1. Jedes Mal, wenn du in ein Restaurant oder Café gehst, gib dir exakt 30 Sekunden, um zu entscheiden, was du bestellst. Benutze einen Timer.

2. Wenn du online shoppst, setze ein 2-Minuten-Limit pro Kaufentscheidung unter 50 Euro.

3. Wenn dich jemand zu etwas einlädt, beantworte die Einladung sofort mit Ja oder Nein – keine "Ich überlege es mir"-Antworten.

4. Wenn du arbeitest, entscheide bei E-Mails sofort: Beantworten, Delegieren, Löschen oder Terminieren – keine "Später nochmal anschauen"-Option.

Am Ende jedes Tages reflektiere kurz: Wie haben sich die schnellen Entscheidungen angefühlt? Waren die Ergebnisse tatsächlich schlechter als bei langem Überlegen?

Die meisten Menschen berichten nach diesem Training von zwei wesentlichen Erkenntnissen:

1. Die Qualität ihrer schnellen Entscheidungen war überraschend gut

2. Sie fühlten sich energiegeladener und freier

Zusammenfassung: Der Weg zur Entscheidungskompetenz

Die Kunst der schnellen Entscheidung ist nicht gleichbedeutend mit Leichtsinn. Es geht darum, den angemessenen Aufwand in Relation zur Bedeutung der Entscheidung zu setzen und sowohl Intuition als auch Analytik gezielt einzusetzen.

Die wichtigsten Werkzeuge, die wir in diesem Kapitel kennengelernt haben:

- Die 5-Sekunden-Regel, um ins Handeln zu kommen

- Das Verständnis, wann Intuition und wann Analyse zu bevorzugen ist

- Der WRAP-Entscheidungsrahmen für komplexe Entscheidungen

- Die Entscheidungs-Triage für angemessenen Entscheidungsaufwand

Mit diesen Werkzeugen ausgestattet, wirst du feststellen, dass Entscheidungen nicht mehr wie unüberwindbare Hürden erscheinen, sondern wie das, was sie wirklich sind: Möglichkeiten, dein Leben aktiv zu gestalten.

Im nächsten Kapitel werden wir uns mit einem der hartnäckigsten Hindernisse für entschlossenes Handeln beschäftigen: der Illusion der perfekten Entscheidung.

Die Illusion der perfekten Entscheidung

"Was ist, wenn es die falsche Entscheidung ist?" "Was, wenn ich es später bereue?" "Was, wenn ich eine bessere Option übersehe?"

Diese Fragen halten Millionen von Menschen in der Overthinking-Falle gefangen. Dahinter verbirgt sich ein mächtiger Mythos: die Illusion der perfekten Entscheidung – der Glaube, dass es für jedes Problem eine absolut richtige Entscheidung gibt, die man nur finden muss, wenn man lange genug sucht und denkt.

In diesem Kapitel werden wir diesen Mythos entlarven und lernen, wie wir trotz – oder gerade wegen – der unvermeidlichen Unsicherheit entschlossen handeln können.

Warum es keine "richtige" Entscheidung gibt

Die Vorstellung einer "richtigen" Entscheidung basiert auf mehreren Annahmen, die bei näherer Betrachtung nicht haltbar sind:

1. **Die Annahme der Vorhersagbarkeit**: Die Idee, dass wir genau wissen können, was aus unseren Entscheidungen folgt. Die Realität ist: Selbst mit den besten Analysen können wir die Zukunft nicht präzise vorhersagen.

2. **Die Annahme der vollständigen Information**: Die Vorstellung, dass wir mit genügend Recherche alle relevanten Informationen haben könnten. In Wirklichkeit gibt es immer unbekannte Variablen.

3. **Die Annahme der statischen Präferenzen**: Der Glaube, dass unsere Wünsche und Prioritäten unveränderlich sind. Tatsächlich entwickeln wir uns ständig weiter, und was heute wichtig erscheint, kann morgen nebensächlich sein.

4. **Die Annahme der Kontrafaktualität**: Die Idee, dass wir wissen könnten, was passiert wäre, wenn wir anders entschieden hätten – und damit, ob unsere Entscheidung "richtig" war.

Der renommierte Entscheidungsforscher Daniel Gilbert von der Harvard University drückt es so aus: "Die menschliche Fähigkeit, die Zukunft vorherzusagen, ist so schlecht, dass Menschen systematisch glücklicher sind, wenn Entscheidungen für sie getroffen werden."

Seine Forschung zeigt: Wir überschätzen drastisch, wie unglücklich uns ein negativer Ausgang machen würde (Impact Bias), und wir sind viel anpassungsfähiger, als wir glauben.

Ein klassisches Beispiel ist die Studie mit Lotteriegewinnern und Menschen, die querschnittsgelähmt wurden. Ein Jahr nach diesen lebensverändernden Ereignissen war der Unterschied im

Glücksniveau zwischen beiden Gruppen erstaunlich gering – weit geringer, als beide Gruppen vorher vorhergesagt hätten.

Die Kunst guter Entscheidungen liegt nicht darin, die "richtige" Entscheidung zu finden, sondern zu verstehen, dass Entscheidungen Experimente sind – Gelegenheiten, zu lernen und zu wachsen, unabhängig vom Ausgang.

Wie du mit Entscheidungsunsicherheit umgehst

Unsicherheit ist nicht der Feind guter Entscheidungen – sie ist ihr ständiger Begleiter. Die Frage ist nicht, wie wir Unsicherheit eliminieren, sondern wie wir mit ihr produktiv umgehen können.

Hier sind praktische Strategien:

1. **Das Prinzip der reversiblen Entscheidungen**: Der Investor Jeff Bezos unterscheidet zwischen "Typ-1-Entscheidungen" (irreversibel, brauchen sorgfältige Überlegung) und "Typ-2-Entscheidungen" (reversibel, sollten schnell getroffen werden). Die meisten Entscheidungen sind Typ 2 – sie können angepasst oder rückgängig gemacht werden. Erkenne den Typ deiner Entscheidung und handle entsprechend.

2. **Die Möglichkeiten-Erweiterung**: Statt dich auf eine binäre Wahl zu beschränken (entweder A oder B), suche nach Option C, D und E. Psychologen nennen das "Expanding the Possibility Space". Mehrere Optionen zu haben reduziert paradoxerweise das Gefühl der Unsicherheit.

3. **Das Minimum Viable Decision-Prinzip**: Inspiriert vom "Minimum Viable Product" in der Startup-Welt: Treffe die kleinste möglich Entscheidung, die Fortschritt ermöglicht, und sammle dann Feedback. Du musst nicht den gesamten Karrierewechsel auf einmal planen – beginne mit einem Kurs oder einem Gespräch mit jemandem aus dem Zielbereich.

4. **Die Pre-Mortem-Technik**: Entwickelt von Gary Klein: Stell dir vor, deine Entscheidung ist gescheitert. Was waren die wahrscheinlichsten Ursachen? Diese Technik hilft, blinde Flecken zu identifizieren und Präventivmaßnahmen zu entwickeln, was das Sicherheitsgefühl erhöht.

5. **Die psychologische Entlastung**: Akzeptiere explizit die Möglichkeit des Scheiterns vor der Entscheidung. Sage dir: "Diese Entscheidung könnte sich als suboptimal erweisen, und das ist in Ordnung." Studien zeigen, dass diese Akzeptanz paradoxerweise die Wahrscheinlichkeit guter Entscheidungen erhöht, da sie den psychologischen Druck reduziert.

Eine Klientin, Marketingdirektorin eines mittelständischen Unternehmens, stand vor der Entscheidung, ob sie eine umstrittene Werbekampagne starten sollte. Nach wochenlangem Zögern wendeten wir die Pre-Mortem-Technik an: "Stell dir vor, die Kampagne ist gescheitert. Was ist passiert?"

Diese Übung half ihr, spezifische Risiken zu identifizieren und Vorsichtsmaßnahmen zu entwickeln. Mit diesem konkreten Notfallplan fühlte sie sich sicher genug, um zu entscheiden – und die Kampagne wurde ein

Erfolg. Das Entscheidende war nicht die Eliminierung der Unsicherheit, sondern ein konstruktiver Umgang damit.

Die Revision: Wie du Fehler als Lernchancen nutzt

Selbst mit den besten Entscheidungstechniken werden wir manchmal Entscheidungen treffen, deren Ergebnisse nicht unseren Erwartungen entsprechen. Der entscheidende Unterschied zwischen erfolgreichen Menschen und chronischen Overthinking-Experten liegt nicht in der Fehlerquote, sondern im Umgang mit diesen Fehlern.

Der traditionelle Umgang mit "falschen" Entscheidungen:

1. Selbstvorwürfe

2. Grübeln über das "Hätte, wäre, wenn"

3. Angst vor zukünftigen Entscheidungen

4. Verstärkung des Overthinking-Musters

Der produktive Umgang mit suboptimalen Ergebnissen – die "Revisionsstrategie":

1. **Emotionale Akzeptanz**: Akzeptiere zunächst deine emotionale Reaktion – Enttäuschung, Frustration oder Reue sind natürlich. Gib dir 24-48 Stunden, um diese Gefühle zu verarbeiten, ohne sofort in die Analyse zu gehen.

2. **Faktenbasierte Retrospektive**: Analysiere dann sachlich, was passiert ist. Was waren die

tatsächlichen Ergebnisse? Welche Faktoren haben dazu beigetragen? Unterscheide zwischen deinen Entscheidungsprozess (war er solide?) und dem Ergebnis (das oft von externen Faktoren beeinflusst wird).

3. **Extrahiere die Lernerfahrung**: Welches spezifische Wissen kannst du aus dieser Situation gewinnen? Nicht vage Lehren wie "Sei vorsichtiger", sondern konkrete Erkenntnisse wie "Vor Immobilieninvestitionen immer eine unabhängige Bewertung einholen."

4. **Integriere das Lernen**: Entwickle einen konkreten Plan, wie du diese Erkenntnis in zukünftige Entscheidungen einbauen wirst. Das verwandelt einen vermeintlichen "Fehler" in eine wertvolle Investition in deine Entscheidungskompetenz.

5. **Schließe das Kapitel**: Nach dieser Analyse: Lasse los. Keine weiteren Grübeleien. Die Entscheidung und ihre Folgen sind jetzt Teil deiner Erfahrung, nicht mehr ein offenes Problem.

Ein Beispiel: Michael investierte einen erheblichen Betrag in ein Startup, das später scheiterte. Sein erster Impuls war endloses Grübeln darüber, wie er so "dumm" sein konnte. Durch den Revisionsprozess erkannte er jedoch:

- Sein Entscheidungsprozess war solid (gründliche Due Diligence, Beratung mit Experten)

- Der Hauptgrund für das Scheitern war ein unvorhersehbarer Marktumbruch

- Die spezifische Lernerfahrung: Bei Startupinvestitionen mehr auf die Anpassungsfähigkeit des Teams achten als auf den initialen Geschäftsplan

Diese Erkenntnisse halfen ihm nicht nur, mit dem Verlust abzuschließen, sondern machten ihn zu einem besseren Investor für zukünftige Gelegenheiten.

Die Befreiung vom Perfektionismus

Perfektionismus ist der Nährboden für Overthinking. Die Psychologin Dr. Brené Brown definiert Perfektionismus als "den Glauben, dass wenn wir perfekt aussehen, leben und handeln, wir Kritik, Ablehnung und Scham minimieren können."

Der Schlüssel zur Überwindung dieses lähmenden Glaubenssatzes liegt im Konzept des "adaptiven Perfektionismus". Im Gegensatz zum maladaptiven Perfektionismus, der von Angst vor Fehlern getrieben wird, konzentriert sich der adaptive Perfektionismus auf Exzellenz und Wachstum.

Konkrete Strategien zur Transformation von lähmenden in befreienden Perfektionismus:

1. **Von "Perfektion oder Nichts" zu "kontinuierlicher Verbesserung"**: Statt eines binären "perfekt/fehlerhaft"-Denkens, beginne, Fortschritt als Erfolg zu definieren. Frage nicht: "Ist es perfekt?", sondern: "Ist es besser als vorher?"

2. **Von "Muss es richtig machen" zu "Will etwas lernen"**: Reframe die Situation von einer Prüfung

in ein Experiment. Experimente können nicht "scheitern", sie liefern nur Daten.

3. **Von "Was werden andere denken?" zu "Was ist mir wichtig?"**: Verschiebe den Fokus von externen Bewertungen zu deinen eigenen Werten und Prioritäten. Diese innere Ausrichtung reduziert die Lähmung durch antizipierte Urteile.

4. **Von "Alles oder Nichts" zu "Gute Genug-Schwellen"**: Definiere im Voraus, wann etwas "gut genug" ist. Zum Beispiel: "Diese Präsentation ist gut genug, wenn sie meine drei Hauptpunkte klar vermittelt und visuell ansprechend ist." Wenn diese Schwelle erreicht ist: Fertig.

Ein Coaching-Klient, ein Grafikdesigner, litt unter extremem Perfektionismus, der dazu führte, dass er Projekte oft nicht abschließen konnte. Wir führten ein "Gut-Genug-Meter" ein: eine konkrete Checkliste mit 5 Kriterien für jedes Projekt. Wenn diese erfüllt waren, MUSSTE er das Projekt abgeben – ohne weitere Anpassungen. Nach drei Monaten mit diesem System berichtete er:

- 40% mehr abgeschlossene Projekte

- Zufriedenere Kunden (die die endlosen Revisionen satt hatten)

- Deutlich weniger Stress und mehr Freude an der Arbeit

ÜBUNG: Die Entscheidungssimulation

Eine praktische Übung, um die Illusion der perfekten Entscheidung zu überwinden:

1. Wähle eine Entscheidung, bei der du derzeit im Overthinking-Modus feststeckst.

2. Visualisiere drei verschiedene Szenarien:

   o Szenario A: Du triffst Entscheidung X und alles läuft optimal

   o Szenario B: Du triffst Entscheidung Y und alles läuft optimal

   o Szenario C: Du triffst Entscheidung X, aber es gibt Probleme und Herausforderungen

3. Beantworte für jedes Szenario:

   o Wie würdest du dich fühlen?

   o Wie würdest du mit den Ergebnissen umgehen?

   o Welche Ressourcen (innere und äußere) hättest du, um mit den Konsequenzen umzugehen?

4. Erkenne: Selbst im "schlechtesten" Szenario hast du Ressourcen und Bewältigungsmöglichkeiten. Dies reduziert die Angst vor der "falschen" Entscheidung.

Zusammenfassung: Leben in der Unsicherheit

Die Illusion der perfekten Entscheidung ist einer der hartnäckigsten Treiber von Overthinking. Wenn wir akzeptieren, dass Unsicherheit ein unvermeidbarer Teil des Lebens ist, eröffnet sich ein Raum für mutigere, authentischere Entscheidungen.

Die Schlüsselerkenntnisse dieses Kapitels:

- Es gibt keine "richtigen" oder "falschen" Entscheidungen, nur Entscheidungen mit verschiedenen Konsequenzen und Lernmöglichkeiten

- Unsicherheit ist kein Hindernis für gute Entscheidungen, sondern ihr natürlicher Kontext

- Der Umgang mit Fehlern und unerwarteten Ergebnissen unterscheidet erfolgreiche Entscheider von Overthinking-Experten

- Die Befreiung vom Perfektionismus eröffnet den Weg zu mehr Handlungsfähigkeit und Lebensfreude

Im nächsten Teil werden wir diese Erkenntnisse in konkrete Handlungsstrategien übersetzen – Werkzeuge, die dir helfen, dein neu gewonnenes Verständnis in die tägliche Praxis umzusetzen.

TEIL 3: PRAKTISCHE STRATEGIEN ZUM HANDELN

Die 5-Phasen-Methode zur Überwindung von Overthinking

Wissen ist wichtig – aber Veränderung entsteht durch Handeln. In diesem Kapitel lernst du eine systematische Methode kennen, um vom Denken ins Tun zu kommen: die 5-Phasen-Methode. Diese Methode ist kein theoretisches Konzept, sondern ein praktischer, schrittweiser Prozess, den du sofort anwenden kannst, um Overthinking zu überwinden.

Phase 1: Erkennen der Grübelschleife

Der erste Schritt zur Überwindung jedes Problems ist, es zu erkennen, wenn es auftritt. Overthinking ist besonders tückisch, weil es sich oft als produktives Nachdenken tarnt. Wie erkennst du, dass du in einer unproduktiven Grübelschleife gefangen bist?

Die 4 Warnsignale für Overthinking:

1. **Kreisende Gedanken**: Du denkst wiederholt über dieselben Gedanken nach, ohne neue Erkenntnisse

zu gewinnen. Es fühlt sich an, als würdest du auf einer Schallplatte mit Sprung feststecken.

2. **Zunehmende Anspannung**: Statt Klarheit zu schaffen, führt dein Nachdenken zu mehr Stress, Angst oder Verwirrung. Dein Körper fühlt sich angespannter an, je länger du nachdenkst.

3. **Katastrophisieren**: Deine Gedanken drehen sich zunehmend um Worst-Case-Szenarien oder werden immer negativer ("Was wäre, wenn alles schiefgeht?", "Was, wenn ich komplett versage?").

4. **Entscheidungsparalyse**: Du kannst dich nicht entscheiden oder zum Handeln durchringen, obwohl du schon lange über das Thema nachdenkst.

Julia, eine erfolgreiche Unternehmensberaterin, konnte nicht entscheiden, ob sie eine Beförderung annehmen sollte, die einen Umzug erforderte. Nach drei Wochen intensiven Nachdenkens war sie weiter von einer Entscheidung entfernt als zu Beginn. Als ich sie fragte, woran sie erkenne, dass sie im Overthinking-Modus sei, antwortete sie: "Ich wache nachts auf und spiele dieselben Szenarien durch wie am Tag zuvor. Mein Nacken ist ständig verspannt. Und ich stelle mir immer dramatischere Katastrophen vor, wenn ich umziehe – oder wenn ich es nicht tue."

Übung: Dein persönliches Overthinking-Radar

Um dein Bewusstsein für Overthinking zu schärfen, erstelle eine personalisierte Checkliste:

1. Welche körperlichen Empfindungen erlebst du typischerweise bei Overthinking? (z.B. Verspannungen, flache Atmung, Unruhe)

2. Welche typischen Gedankenmuster tauchen auf? (z.B. "Was wäre wenn...?", "Aber was, wenn ich mich irre?")

3. Welche emotionalen Zustände begleiten dein Overthinking? (z.B. Anspannung, Frustration, Unsicherheit)

4. In welchen Situationen oder zu welchen Tageszeiten bist du besonders anfällig für Overthinking?

Halte diese Checkliste griffbereit und überprüfe regelmäßig, ob diese Anzeichen präsent sind. Das Erkennen ist der erste, entscheidende Schritt.

Phase 2: Unterbrechung des Gedankenkreislaufs

Sobald du erkannt hast, dass du in einer Overthinking-Schleife gefangen bist, ist der nächste Schritt, diesen Kreislauf zu unterbrechen. Wie bei einem Computer, der sich aufgehängt hat, ist manchmal ein "Reset" nötig, bevor ein produktiver Prozess beginnen kann.

Wirksame Unterbrechungstechniken:

1. **Die 5-4-3-2-1-Sensorische Methode**:

   o Benenne 5 Dinge, die du sehen kannst

   o 4 Dinge, die du fühlen/berühren kannst

   o 3 Dinge, die du hören kannst

- 2 Dinge, die du riechen kannst

- 1 Ding, das du schmecken kannst

Diese Technik, die auch in der Traumabehandlung eingesetzt wird, verankert dich im gegenwärtigen Moment und unterbricht die Grübelschleife.

2. **Physische Unterbrechung**:

- Steh auf und bewege dich für 2 Minuten intensiv (Hampelmänner, schnelles Treppensteigen)

- Wechselduschen (30 Sekunden kalt, 30 Sekunden warm)

- Tiefe Bauchatmung (4 Sekunden einatmen, 7 Sekunden halten, 8 Sekunden ausatmen)

Körperliche Aktivität und Atemtechniken verändern die neurochemische Zusammensetzung im Gehirn und schaffen Raum für klareres Denken.

3. **Kognitive Unterbrechungen**:

- Das "Stopp!"-Kommando: Sage laut "Stopp!", wenn du bemerkst, dass du grübelst

- Die Gedanken-Verschiebung: Sag dir "Ich werde mich um 18 Uhr für 20 Minuten mit diesem Thema beschäftigen" und notiere die Gedanken für später

o Die Absurditäts-Technik: Übertreibe deine Sorgen bis ins Lächerliche, um ihre Macht zu brechen

Mark, ein Finanzanalyst, verwendete die Gedanken-Verschiebung, um sein ständiges Grübeln über Karriereentscheidungen zu kontrollieren. "Früher konnte ich mich während der Arbeit kaum konzentrieren, weil ich ständig über meine Karriereoptionen nachdachte. Jetzt notiere ich den Gedanken kurz und sage mir: 'Darüber denke ich heute Abend um 20 Uhr nach.' Bis dahin ist der Druck weg, und wenn die festgelegte Zeit kommt, kann ich viel fokussierter und strukturierter nachdenken."

Übung: Die 3-Minuten-Unterbrechung

Entwickle deine persönliche Unterbrechungsroutine, die du in 3 Minuten durchführen kannst, unabhängig davon, wo du dich befindest. Eine effektive Kombination könnte sein:

- 30 Sekunden bewusste Atmung

- 1 Minute körperliche Aktivität

- 30 Sekunden sensorische Wahrnehmung

- 1 Minute Perspektivwechsel durch eine konkrete Frage (z.B. "Wie wichtig wird dieses Problem in einem Jahr sein?")

Übe diese Routine täglich, auch wenn du gerade nicht im Overthinking-Modus bist. So wird sie zur Gewohnheit und steht dir in schwierigen Momenten automatisch zur Verfügung.

Phase 3: Umlenken der Energie in konkrete Handlung

Nach dem Unterbrechen des Grübelkreislaufs entsteht ein "Moment der Klarheit" – ein kurzes Zeitfenster, in dem dein Geist offen für neue Richtungen ist. Diesen Moment gilt es zu nutzen, indem du deine Energie sofort in eine konkrete Handlung umlenkst.

Strategien zur Handlungsaktivierung:

1. **Die Mikroaktions-Strategie**: Identifiziere die kleinstmögliche Handlung in Richtung deines Ziels, die in unter 5 Minuten erledigt werden kann. Beispiele:

   o Einen kurzen Entwurf für die erste E-Mail schreiben

   o Eine Person kontaktieren, statt über das gesamte Netzwerk nachzudenken

   o Den ersten Absatz eines Projekts tippen, statt das ganze Konzept zu planen

2. **Das Aktions-Momentum-Prinzip**: Beginne mit einer sehr einfachen, fast trivialen Handlung und nutze den "Domino-Effekt". Beispiele:

   o Nur die Überschrift eines Dokuments schreiben (statt des ganzen Texts)

   o Nur die Sportschuhe anziehen (statt das ganze Workout zu planen)

   o Nur die Telefonnummer heraussuchen (statt das ganze Gespräch zu planen)

3. **Die Wenn-Dann-Implementationsintentionen**: Formuliere konkrete Pläne nach dem Schema "Wenn X eintritt, dann tue ich Y". Diese

vorprogrammierten Handlungsanleitungen umgehen den Entscheidungsprozess. Beispiele:

- o "Wenn ich meine E-Mails checke, dann beantworte ich sofort alle, die weniger als 2 Minuten erfordern."

- o "Wenn ich anfange, über die Präsentation zu grübeln, dann öffne ich sofort PowerPoint und erstelle die erste Folie."

4. **Die Deadline-Intensivierung**: Setze dir eine künstliche, aber konkrete Deadline mit Konsequenzen. Beispiele:

- o "Ich treffe diese Entscheidung in den nächsten 10 Minuten, oder ich muss 20 Euro spenden."

- o "Ich schicke diesen Entwurf um 15 Uhr ab, egal in welchem Zustand er ist."

Michael, ein Produktmanager in der Techbranche, nutzte die Mikroaktions-Strategie, um sein Projekt endlich zu starten. "Ich war völlig blockiert bei der Entwicklung eines neuen Features. Nach Wochen des Planens und Grübelns entschied ich, einfach eine winzige Komponente zu programmieren – nur eine einfache Button-Funktion. Diese 15 Minuten Coding durchbrachen meine Blockade. Am Ende des Tages hatte ich mehr geschafft als in den zwei Wochen zuvor."

Übung: Deine persönliche Handlungskette

Wähle ein Thema, bei dem du derzeit zum Overthinking neigst, und entwickle deine Handlungskette:

1. **Mikroaktion**: Was ist die kleinstmögliche konkrete Handlung, die du sofort umsetzen kannst?

2. **Nächste kleine Schritte**: Plane 3-5 weitere kleine Schritte, die logisch aufeinander folgen.

3. **Implementationsintention**: Formuliere eine konkrete Wenn-Dann-Anweisung, die dich zur ersten Handlung führt.

4. **Zeitbegrenzung**: Setze dir ein klares Zeitlimit für die erste Handlung (max. 15 Minuten).

Diese Handlungskette sollte so einfach sein, dass sie fast trivial wirkt. Genau das ist der Punkt: Das Überwinden der Anfangshürde ist der schwierigste Teil. Sobald du in Bewegung bist, wird das Weitermachen deutlich leichter.

Phase 4: Bewertung der Ergebnisse

Nach dem Handeln folgt die Bewertung – aber anders als du vielleicht denkst. Es geht nicht darum, zu beurteilen, ob deine Handlung "richtig" oder "falsch" war, sondern darum, Informationen zu sammeln und daraus zu lernen.

Prinzipien der produktiven Ergebnisbewertung:

1. **Fakten vs. Interpretation trennen**:

   o Fakten: "Der Kunde hat nicht sofort geantwortet."

   o Interpretation: "Der Kunde ist unzufrieden mit meinem Vorschlag."

   Halte dich zunächst an beobachtbare Fakten, bevor du interpretierst.

2. **Erfolg neu definieren**: Erfolg ist nicht nur das Erreichen des erwünschten Ergebnisses, sondern auch:

   o Das Überwinden von Overthinking

   o Das Gewinnen neuer Informationen

   o Die Entwicklung deiner Handlungskompetenz

   Auch eine Handlung mit suboptimalem Ergebnis kann ein Erfolg sein, wenn sie dich aus der Overthinking-Schleife befreit und Lernchancen eröffnet.

3. **Die drei Lernfragen**: Nach jeder Handlung stelle dir diese drei Fragen:

   o Was hat funktioniert? (Auch kleine Aspekte zählen)

   o Was hat nicht funktioniert? (Ohne Selbstkritik)

   o Was werde ich beim nächsten Mal anpassen?

4. **Die 48-Stunden-Regel**: Gib dir mindestens 48 Stunden Zeit, bevor du eine größere Handlung oder Entscheidung endgültig bewertest. Unmittelbare Reaktionen sind oft emotional gefärbt und verzerren die Bewertung.

Sarah, eine Marketingmanagerin, wendete diese Prinzipien an, nachdem sie sich nach langem Zögern endlich entschieden hatte, eine kontroverse Kampagne zu starten. "Die ersten Reaktionen waren gemischt, und mein

Instinkt war, in Panik zu geraten und alles für einen
Fehler zu halten. Aber ich hielt mich an die
48-Stunden-Regel. Nach zwei Tagen konnte ich klarer
sehen: Die Kampagne hatte tatsächlich mehr Engagement
erzeugt als unsere üblichen Posts, obwohl nicht alle
Kommentare positiv waren. Ich definierte Erfolg neu –
nicht als 'alle sind begeistert', sondern als 'wir haben
Aufmerksamkeit erregt und die Markenbekanntheit
gesteigert'."

Übung: Der Handlungs-Debrief

Nach deiner nächsten Handlung, die aus einer
Overthinking-Situation resultiert, führe diesen
strukturierten Debrief durch:

1. **Faktenliste**: Notiere mindestens 5 beobachtbare
   Fakten über das Ergebnis – ohne Bewertung oder
   Interpretation.

2. **Multi-Perspektiven-Check**: Wie könnte jemand
   anderes (ein Mentor, ein wohlwollender Freund,
   ein neutraler Beobachter) die Situation
   interpretieren?

3. **Lernmomente identifizieren**: Welche konkreten
   Erkenntnisse kannst du aus dieser Erfahrung
   gewinnen – unabhängig vom Ergebnis?

4. **Anpassungsplan**: Basierend auf deinen
   Erkenntnissen, welche spezifischen Anpassungen
   wirst du bei der nächsten ähnlichen Situation
   vornehmen?

Dieser strukturierte Debrief verwandelt jede Handlung –
unabhängig vom unmittelbaren Ergebnis – in einen
Lernfortschritt.

Phase 5: Integration der Lernerfahrung

Die letzte Phase schließt den Kreis und bereitet dich auf
zukünftige Situationen vor. Hier geht es darum, das
Gelernte so zu integrieren, dass du beim nächsten Mal
leichter ins Handeln kommst und weniger zum
Overthinking neigst.

Strategien zur Integration:

1. **Das Erfolgsjournal**: Dokumentiere systematisch
    deine "Vom-Denken-zum-Handeln"-Erfolge, egal
    wie klein sie erscheinen mögen. Dies baut über
    Zeit ein Archiv von Beweisen auf, dass du
    handlungsfähig bist.

2. **Die Skill-Treppe**: Visualisiere deinen Fortschritt
    als Treppe, bei der jede Handlung nach
    Overthinking eine Stufe darstellt. Jede Stufe
    macht die nächste leichter erreichbar.

3. **Antizipations-Training**: Identifiziere kommende
    Situationen, in denen Overthinking wahrscheinlich
    ist, und entwickle im Voraus konkrete
    Handlungspläne. Beispiel: "Wenn das Meeting mit
    dem Kunden kommt, werde ich innerhalb der
    ersten 15 Minuten mindestens einen Vorschlag
    machen, anstatt nur zuzuhören und später zu
    grübeln, was ich hätte sagen sollen."

4. **Die Selbstbekräftigung**: Entwickle ein
    persönliches Mantra oder eine Selbstbekräftigung,

die deine Identität als handlungsorientierte Person stärkt. Beispiele:

- o "Ich bin jemand, der handelt, während andere noch nachdenken."

- o "Ich gewinne Klarheit durch Handeln, nicht durch endloses Analysieren."

5. **Der Handlungs-Buddy**: Finde einen Partner, mit dem du regelmäßig deine Fortschritte teilst und der dich sanft zur Verantwortung zieht, wenn du in alte Overthinking-Muster zurückfällst.

Thomas, ein Unternehmensberater mit chronischer Tendenz zum Overthinking, arbeitete mit der Selbstbekräftigung "Ich schaffe Wert durch Handeln, nicht durch Perfektionieren." Er wiederholte diesen Satz jeden Morgen und hatte ihn als Hintergrundbild auf seinem Laptop. "Nach einigen Wochen begann ich, mich tatsächlich als 'Macher' zu sehen, nicht mehr als 'Perfektionist'. Dieser Identitätswandel hat meine Arbeitsweise grundlegend verändert. Ich liefere jetzt mehr, schneller und mit weniger innerem Widerstand."

Übung: Dein Integrations-Plan

Erstelle deinen persönlichen Integrations-Plan:

1. **Erfolgsmetriken**: Wie wirst du deinen Fortschritt beim Überwinden von Overthinking messen? (Beispiel: Anzahl der Tage, an denen du eine Entscheidung innerhalb von 5 Minuten getroffen hast)

2. **Deine Selbstbekräftigung**: Formuliere einen kurzen, kraftvollen Satz, der deine neue Identität als handlungsorientierte Person ausdrückt.

3. **Accountability-Struktur**: Wie wirst du dich selbst zur Verantwortung ziehen? (Tägliches Check-in? Wöchentliche Reflexion? Partner-System?)

4. **Vorprogrammierte Erfolge**: Plane für die kommende Woche mindestens drei kleine Situationen, in denen du bewusst schneller handeln statt länger nachdenken wirst.

Zusammenfassung: Der 5-Phasen-Kreislauf

Die 5-Phasen-Methode ist ein dynamischer Prozess, der mit jedem Durchlauf leichter und natürlicher wird:

1. **Erkennen** der Grübelschleife durch bewusstes Monitoring deiner Gedanken, Gefühle und körperlichen Signale

2. **Unterbrechen** des unproduktiven Denkkreislaufs durch sensorische, physische oder kognitive Techniken

3. **Umlenken** der Energie in konkrete, kleine Handlungen mit Hilfe von Mikroaktionen und Implementationsintentionen

4. **Bewerten** der Ergebnisse mit Fokus auf Fakten, Lernerfahrungen und einer erweiterten Definition von Erfolg

5. **Integrieren** der Erfahrung in deine Identität und zukünftiges Handeln durch systematische Reflexion und Verstärkung

Mit jedem Durchlauf dieses Zyklus baust du nicht nur konkrete Fähigkeiten auf, sondern transformierst allmählich deine Identität – vom chronischen Overthinking-Experten zum entschlossenen Macher. Diese Transformation ist kein einmaliges Ereignis, sondern ein fortlaufender Prozess der Selbstentwicklung.

Im nächsten Kapitel werden wir tiefer in eine besonders wirkungsvolle Technik einsteigen, die dir hilft, Handeln zu automatisieren: Implementation Intentions, oder Wenn-Dann-Pläne.

Implementation Intentions: Die Macht der Wenn-Dann-Pläne

"Ich werde morgen früh joggen gehen." "Ich sollte wirklich weniger prokrastinieren." "Nächstes Mal werde ich direkter kommunizieren."

Solche guten Vorsätze kennen wir alle. Und wir wissen auch, wie selten sie tatsächlich umgesetzt werden – besonders wenn wir zum Overthinking neigen. Der Grund: Zwischen Absicht und Handlung klafft eine Lücke, die mit Zweifeln, Ablenkungen und Widerständen gefüllt ist.

Genau hier setzen Implementation Intentions an – eine der wissenschaftlich am besten belegten Techniken, um vom Denken ins Tun zu kommen.

Wie automatische Handlungsauslöser dein Leben verändern

Implementation Intentions, zu Deutsch etwa "Durchführungsabsichten", sind konkrete Wenn-Dann-Pläne, die eine spezifische Situation (den Auslöser) mit einer automatischen Handlung verbinden. Die grundlegende Formel lautet:

"Wenn Situation X eintritt, dann werde ich Handlung Y ausführen."

Was simpel klingt, hat in über 200 wissenschaftlichen Studien beeindruckende Ergebnisse gezeigt. Menschen, die Implementation Intentions nutzen, setzen ihre Ziele mit bis zu dreimal höherer Wahrscheinlichkeit um als jene, die nur gute Vorsätze haben.

Warum sind diese Wenn-Dann-Pläne so wirksam?

1. **Sie umgehen den inneren Kritiker**: Die Entscheidung, zu handeln, wird vorweggenommen, so dass der Overthinking-Teil deines Gehirns keine Chance hat, dazwischenzufunken.

2. **Sie nutzen Automatismen**: Durch die Verknüpfung mit konkreten Auslösern werden Handlungen teilweise automatisiert – ähnlich wie das Bremsen, wenn eine Ampel rot wird.

3. **Sie reduzieren die kognitive Belastung**: Du musst in der Situation selbst nicht mehr überlegen,

ob und wie du handeln sollst – der Plan steht
bereits.

4. **Sie wirken auch unbewusst**: Studien zeigen, dass
   Implementation Intentions selbst dann wirken,
   wenn wir uns in dem Moment nicht aktiv an sie
   erinnern.

Dr. Peter Gollwitzer, der Psychologe, der diese Technik
entwickelte, erklärt es so: "Implementation Intentions
delegieren die Kontrolle des Verhaltens an die Umgebung.
Die Person muss nicht mehr bewusst entscheiden – die
vorprogrammierte Situation übernimmt die Kontrolle."

Ein beeindruckendes Beispiel kommt aus einer Studie mit
Patienten nach Hüftoperationen: Jene, die konkrete
Wenn-Dann-Pläne für ihre Rehabilitationsübungen
formulierten ("Wenn ich morgens meinen Kaffee
getrunken habe, dann mache ich 10 Minuten meine
Beübungen"), absolvierten 85% ihrer verordneten
Übungen. Die Kontrollgruppe, die nur gute Vorsätze
hatte, kam auf lediglich 38%.

Aufbau wirksamer Wenn-Dann-Pläne für deine Ziele

Nicht alle Implementation Intentions sind gleich effektiv.
Damit sie ihre volle Kraft entfalten, müssen sie bestimmte
Kriterien erfüllen.

**Die 5 Schlüsselelemente eines wirkungsvollen
Wenn-Dann-Plans:**

1. **Spezifischer Auslöser**: Der "Wenn"-Teil muss ein
   klar erkennbares, spezifisches Ereignis oder eine
   Situation sein. Vage Auslöser wie "wenn ich Zeit
   habe" funktionieren nicht.

- o Schwach: "Wenn ich im Büro bin..."

- o Stark: "Wenn ich morgens zum ersten Mal an meinem Schreibtisch sitze..."

2. **Unmittelbare Handlung**: Die "Dann"-Handlung sollte sofort ausführbar sein, ohne weitere Überlegungen oder Vorbereitungen.

   - o Schwach: "...dann arbeite ich an meinem Projekt."

   - o Stark: "...dann öffne ich die Projektdatei und arbeite für 25 Minuten daran."

3. **Eindeutige Handlungsanweisung**: Die Handlung muss konkret und eindeutig sein, ohne Interpretationsspielraum.

   - o Schwach: "...dann kommuniziere ich besser."

   - o Stark: "...dann stelle ich eine offene Frage und höre mindestens 30 Sekunden zu, bevor ich antworte."

4. **Realistischer Umfang**: Die Handlung sollte klein genug sein, um keine Widerstände auszulösen, aber bedeutsam genug, um einen Unterschied zu machen.

   - o Schwach: "...dann schreibe ich das gesamte Kapitel."

   - o Stark: "...dann schreibe ich mindestens 250 Wörter."

5. **Überwinden typischer Hindernisse**: Besonders wirksam sind Pläne, die häufige Hindernisse oder Versuchungen direkt adressieren.

    o Hindernis-Plan: "Wenn ich den Impuls verspüre, meine E-Mails zu checken, während ich an meinem Projekt arbeite, dann nehme ich drei tiefe Atemzüge und kehre zur Arbeit zurück."

Ein Beispiel, wie diese Elemente zusammenspielen:

Sara, eine Marketing-Managerin, tendierte dazu, schwierige Gespräche mit Teammitgliedern aufzuschieben und stattdessen stundenlang über die "perfekte" Herangehensweise nachzudenken. Ihr wirksamer Wenn-Dann-Plan:

"Wenn ich merke, dass ein Teammitglied zweimal hintereinander eine Deadline verpasst, dann vereinbare ich noch am selben Tag ein 15-minütiges Gespräch unter vier Augen, das mit den Worten beginnt: 'Ich habe bemerkt, dass... und ich bin neugierig, was da los ist.'"

Dieser Plan enthält alle fünf Schlüsselelemente und half Sara, ihre Tendenz zum Overthinking in Führungssituationen zu überwinden.

Drei Typen von Implementation Intentions für verschiedene Situationen

Je nach Kontext kannst du unterschiedliche Arten von Wenn-Dann-Plänen einsetzen:

1. **Gelegenheits-Aktivierende Pläne**: Diese Pläne helfen dir, günstige Gelegenheiten zum Handeln nicht zu verpassen.

Beispiel: "Wenn ich morgens meine Zähne putze, dann werde ich drei Dinge nennen, für die ich heute dankbar bin."

2. **Hindernis-Überwindende Pläne**: Diese Pläne helfen dir, typische Hindernisse und Versuchungen zu überwinden.

   Beispiel: "Wenn ich spüre, dass ich ein schwieriges Gespräch aufschieben will, dann werde ich mir sagen 'Handeln schafft Klarheit' und sofort einen Termin vereinbaren."

3. **Wenn-Dann-Ketten**: Bei komplexeren Verhaltensänderungen können mehrere Wenn-Dann-Pläne verkettet werden.

   Beispiel für eine Morgenroutine:

   - "Wenn mein Wecker klingelt, dann stelle ich mich sofort aufrecht neben mein Bett."

   - "Wenn ich neben meinem Bett stehe, dann ziehe ich meine Sportkleidung an."

   - "Wenn ich meine Sportkleidung anhabe, dann trinke ich ein Glas Wasser."

   - "Wenn ich das Wasser getrunken habe, dann gehe ich 10 Minuten joggen."

Thomas, ein Projektmanager mit chronischem Overthinking, verwendete eine Wenn-Dann-Kette, um seine Meetings effektiver zu gestalten:

"Wenn ich ein Meeting beginne, dann stelle ich eine konkrete Agenda und das Ziel vor." "Wenn jemand vom Thema abschweift, dann sage ich: 'Das ist ein wichtiger

Punkt. Lasst uns ihn für das nächste Meeting notieren und zum aktuellen Thema zurückkehren.'" "Wenn das Meeting zu Ende ist, dann fasse ich die konkreten Entscheidungen und nächsten Schritte zusammen."

Diese Kette half ihm, seinen Perfektionismus und die Tendenz, in Meetings zu viel zu grübeln und zu wenig zu entscheiden, zu überwinden.

Die Wissenschaft hinter der Handlungsautomatisierung

Was passiert eigentlich im Gehirn, wenn wir Implementation Intentions nutzen? Die neurowissenschaftliche Forschung liefert faszinierende Einblicke.

Normalerweise sind bei bewussten Entscheidungen die präfrontalen Regionen des Gehirns stark aktiviert – genau jene Bereiche, die bei Overthinking "überhitzen". Implementation Intentions verlagern die Aktivität in andere Gehirnregionen:

1. **Aktivierung des assoziativen Gedächtnisses**: Die klare Verknüpfung von Situation und Handlung wird im assoziativen Gedächtnis gespeichert, ähnlich wie bei Gewohnheiten.

2. **Erhöhte perzeptuelle Bereitschaft**: Das Gehirn wird sensibler für die spezifizierten Auslöser, wodurch sie leichter erkannt werden.

3. **Reduzierte Aktivität im Grübel-Netzwerk**: EEG-Studien zeigen eine verringerte Aktivität in den für Overthinking verantwortlichen Gehirnregionen, wenn Implementation Intentions aktiv sind.

Diese neurologischen Veränderungen erklären, warum Wenn-Dann-Pläne so effektiv die Lücke zwischen Absicht und Handlung schließen können.

Dr. Gabriele Oettingen, eine führende Forscherin auf diesem Gebiet, beschreibt es so: "Implementation Intentions schaffen eine mentale Verknüpfung zwischen einer bestimmten Situation und einer zielgerichteten Handlung. Diese Verknüpfung aktiviert die Handlung automatisch, wenn die Situation eintritt – ähnlich wie ein Reflex, nur dass er erlernt ist."

ÜBUNG: Erstelle deinen Implementation Intentions-Plan

Wähle ein Ziel oder Verhalten, bei dem du derzeit zum Overthinking neigst und entwickle einen wirksamen Wenn-Dann-Plan:

1. **Identifiziere das Ziel**: Was möchtest du erreichen oder welches Verhalten möchtest du ändern?

2. **Erkenne typische Overthinking-Muster**: Wann und warum zögerst du oder grübelst zu viel?

3. **Identifiziere Auslöser und Hindernisse**: Welche Situationen lösen Overthinking aus? Was hält dich vom Handeln ab?

4. **Entwickle spezifische Wenn-Dann-Pläne**: a) Mindestens einen Gelegenheits-aktivierenden Plan b) Mindestens einen Hindernis-überwindenden Plan c) Wenn nötig, eine Wenn-Dann-Kette

5. **Optimiere deine Pläne**: Überprüfe, ob alle fünf Schlüsselelemente enthalten sind (spezifischer Auslöser, unmittelbare Handlung, eindeutige

Anweisung, realistischer Umfang, Hindernis-Adressierung)

6. **Verstärke durch Visualisierung**: Stelle dir lebhaft vor, wie du deinen Plan in verschiedenen Situationen umsetzt. Diese mentale Probe verstärkt die neuronale Verknüpfung.

7. **Schriftliche Fixierung**: Schreibe deine Wenn-Dann-Pläne auf und platziere sie an strategischen Orten (Schreibtisch, Badezimmerspiegel, Smartphone-Hintergrund).

Implementation Intentions im Alltag: Anwendungsbereiche

Diese kraftvolle Technik kann in praktisch allen Lebensbereichen eingesetzt werden, in denen Overthinking uns bremst:

1. **Beruflicher Kontext**:

   o "Wenn ich eine E-Mail länger als 5 Minuten formuliere, dann schicke ich sie sofort ab oder speichere sie für 24 Stunden."

   o "Wenn ich in einem Meeting einen Gedanken habe, dann melde ich mich innerhalb von 10 Sekunden zu Wort, anstatt zu warten, bis der Gedanke 'perfekt' formuliert ist."

2. **Soziale Situationen**:

   o "Wenn ich jemanden interessant finde, dann spreche ich diese Person innerhalb von 3 Minuten an, beginnend mit einer offenen Frage."

- o "Wenn ich das Bedürfnis habe, 'Nein' zu sagen, aber zum Overthinking neige, dann sage ich: 'Das klingt interessant, ich gebe dir in einer Stunde Bescheid' und nutze dann eine 5-Minuten-Entscheidungsregel."

3. **Persönliche Entwicklung**:

- o "Wenn ich meine Morgenroutine beginne, dann schreibe ich ohne Unterbrechung 10 Minuten in mein Journal."

- o "Wenn ich spüre, dass ich über vergangene Fehler grüble, dann benenne ich drei Lektionen, die ich daraus gelernt habe, und richte dann meine Aufmerksamkeit auf eine aktuelle Aufgabe."

4. **Gesundheit und Wohlbefinden**:

- o "Wenn ich Hunger zwischen den Mahlzeiten spüre, dann trinke ich zuerst ein großes Glas Wasser und warte 10 Minuten."

- o "Wenn ich mich gestresst fühle, dann führe ich sofort 5 tiefe Atemzüge durch und frage mich: 'Was ist jetzt der nächste kleine Schritt?'"

Eine Klientin, Christine, setzte Implementation Intentions ein, um ihre Angst vor öffentlichem Sprechen zu überwinden:

"Wenn ich zu einem Vortrag eingeladen werde, dann sage ich sofort zu und trage es in meinen Kalender ein, bevor ich darüber nachdenken kann." "Wenn ich vor dem Vortrag Nervosität spüre, dann mache ich 2 Minuten die Superhelden-Pose und sage mir: 'Ich bin aufgeregt, und das ist gut so!'" "Wenn ich auf die Bühne gehe, dann lächle ich und atme dreimal tief durch, bevor ich beginne."

Diese Kette von Implementation Intentions half ihr, ihre Overthinking-Spiralen zu durchbrechen und ihre Präsentationsfähigkeiten deutlich zu verbessern.

Überwindung typischer Herausforderungen bei der Umsetzung

Auch bei der Anwendung von Implementation Intentions können Herausforderungen auftreten. Hier sind Lösungen für die häufigsten Probleme:

1. **Problem: Vergessen der Pläne Lösung**: Tägliche Erinnerungen einrichten, Visualisierungsübungen durchführen und die Pläne an sichtbaren Stellen platzieren.

2. **Problem: Zu vage Formulierungen Lösung**: Überprüfe deine Pläne mit der SMART-Methode (Spezifisch, Messbar, Attraktiv, Realistisch, Terminiert).

3. **Problem: Zu ambitionierte Handlungen Lösung**: Reduziere den Umfang der Handlung, bis sie fast lächerlich einfach erscheint.

4. **Problem: Unpassende Auslöser gewählt Lösung**: Wähle Auslöser, die häufig und

zuverlässig in deinem Alltag vorkommen und leicht erkennbar sind.

5. **Problem: Mehrere konkurrierende Pläne**
   Lösung: Beginne mit maximal 2-3 Plänen und erweitere erst, wenn diese zur Gewohnheit geworden sind.

Zusammenfassung: Der direkte Weg vom Denken zum Handeln

Implementation Intentions sind ein wissenschaftlich fundiertes Werkzeug, um die Lücke zwischen Intention und Handlung zu schließen – genau die Lücke, in der Overthinking seine lähmende Wirkung entfaltet.

Durch die Vorprogrammierung deiner Reaktionen auf spezifische Situationen umgehst du den grüblerischen Teil deines Gehirns und schaffst einen direkten Weg zur Handlung. Dies reduziert nicht nur das Overthinking, sondern spart auch mentale Energie und stärkt langfristig deine Identität als handlungsorientierte Person.

Die Formel ist einfach, aber kraftvoll:

"Wenn [spezifische Situation eintriff], dann [konkrete Handlung ausführen]."

Im nächsten Kapitel werden wir erkunden, wie du durch Mikroaktionen auch bei größeren Projekten und Zielen die lähmende Wirkung des Overthinking überwinden kannst.

Mikroaktionen: Der Schlüssel zur Überwindung von Widerständen

Kennst du diese Situation? Du hast ein wichtiges Projekt vor dir – einen Bericht, der geschrieben werden muss, ein schwieriges Gespräch, das zu führen ist, oder ein Trainingsprogramm, das du starten willst. Es ist wichtig. Es ist wertvoll. Und doch... du kommst nicht ins Handeln. Stattdessen zirkulieren deine Gedanken endlos um die Aufgabe, analysieren alle möglichen Aspekte und Herangehensweisen, ohne dass ein tatsächlicher Fortschritt entsteht.

Das Problem liegt oft nicht im Mangel an Motivation oder Fähigkeiten, sondern in der Größe der wahrgenommenen Hürde. Die Lösung? Mikroaktionen – winzige, fast lächerlich kleine Handlungen, die dennoch die Macht haben, die Mauer zwischen Denken und Handeln zu durchbrechen.

Die 2-Minuten-Regel für sofortige Handlung

"Wenn du eine Gewohnheit nicht auf zwei Minuten oder weniger reduzieren kannst, ist sie zu schwer."

Diese Erkenntnis des Gewohnheitsforschers James Clear fasst das Kernprinzip der Mikroaktionen perfekt zusammen. Die 2-Minuten-Regel besagt: Reduziere jede Handlung, vor der du zurückschreckst, auf eine Version, die in maximal zwei Minuten erledigt werden kann.

Die Wissenschaft dahinter ist überzeugend: Unser Gehirn reagiert auf große, komplexe Aufgaben mit Widerstand – besonders, wenn wir zum Overthinking neigen. Dieser Widerstand manifestiert sich als Aufschieberitus, Angst oder endlose Planung. Mikroaktionen umgehen diesen Widerstand, indem sie die wahrgenommene Hürde so weit senken, dass sie kaum noch als Hindernis erscheint.

Beispiele für die 2-Minuten-Regel in Aktion:

- Statt "einen Roman schreiben" → "einen Satz schreiben"

- Statt "Fitnessprogramm starten" → "Sportschuhe anziehen"

- Statt "Präsentation erstellen" → "Titelfolie erstellen"

- Statt "Zeitplan für Projektorientierung erstellen" → "Projekt in drei Hauptphasen unterteilen"

- Statt "Portfolio überarbeiten" → "eine Referenz aktualisieren"

Marcus, ein Grafikdesigner, der an Prokrastination litt, wendete diese Methode an, um seine Blockade bei einem wichtigen Kundenprojekt zu überwinden. "Ich hatte Wochen damit verbracht, über das perfekte Design nachzudenken, ohne einen einzigen Pixel zu setzen. Dann reduzierte ich meine Aufgabe auf 'eine einzige Form auf einer leeren Arbeitsfläche platzieren'. Das klang so lächerlich einfach, dass ich keinen Grund mehr hatte, es aufzuschieben. Nachdem ich diese erste Form platziert hatte, flossen die Ideen plötzlich, und ich vollendete den Entwurf in zwei Tagen."

Der psychologische Mechanismus hinter der 2-Minuten-Regel ist das, was Psychologen als "Task Initiation" bezeichnen – den schwierigsten Teil jeder Handlung: den Anfang. Sobald du begonnen hast, nutzt du das Gesetz der Trägheit – ein Körper in Bewegung bleibt in Bewegung.

Der Unterschied zu "Just Do It"

An dieser Stelle ist es wichtig, den Unterschied zwischen Mikroaktionen und dem oft gehörten "Just Do It"-Ratschlag zu verstehen. Letzterer funktioniert selten bei Menschen mit Overthinking-Tendenzen, da er die psychologischen Mechanismen des Widerstands ignoriert.

"Just Do It" impliziert:

- Die gesamte Aufgabe anzugehen

- Willenskraft als Hauptressource zu nutzen

- Die psychologischen Widerstände zu "überwinden"

Die Mikroaktionen-Methode dagegen:

- Reduziert die Aufgabe auf ein Minimum

- Umgeht Willenskraft durch minimalen Widerstand

- Berücksichtigt und respektiert psychologische Barrieren

Wie kleine Schritte große Veränderungen bewirken

Warum sind Mikroaktionen so wirkungsvoll? Die psychologischen und neurologischen Mechanismen sind faszinierend:

1. **Der Fortschritts-Prinzip**: Unser Gehirn schüttet Dopamin aus, wenn wir Fortschritte machen – selbst wenn diese minimal sind. Dieses "Belohnungshormon" motiviert uns, weiterzumachen.

2. **Die Identitäts-Schleife**: Jede Mikroaktion ist ein "Beweis" für unser Gehirn, dass wir Menschen sind, die handeln. Mit jeder Wiederholung verstärkt sich diese Identität.

3. **Der Zeigarnik-Effekt**: Unser Gehirn erinnert sich besser an unvollendete Aufgaben. Wenn wir eine Aufgabe beginnen, aber nicht abschließen, erzeugt dies eine kognitive Spannung, die uns motiviert, zur Aufgabe zurückzukehren.

4. ***Reduzierte kognitive Belastung***: Große Aufgaben überfordern unser Arbeitsgedächtnis. Mikroaktionen reduzieren die kognitive Belastung auf ein leicht zu verarbeitendes Maß.

Teresa, eine Unternehmerin, die ihren ersten Online-Kurs erstellen wollte, steckte monatelang in der Planungsphase fest. "Ich hatte Dutzende von Notizbüchern mit Ideen gefüllt, aber nie mit der eigentlichen Erstellung begonnen. Dann setzte ich mir das Ziel, jeden Tag nur 5 Minuten an einer einzigen Folie zu arbeiten. Nach drei Wochen hatte ich nicht nur den gesamten Kurs fertiggestellt, sondern auch ein viel besseres Produkt geschaffen, als wenn ich versucht hätte, alles in einem intensiven Sprint zu erledigen."

Der Schlüssel liegt in der Kontinuität: Mikroaktionen mögen klein sein, aber ihre Wirkung kumuliert sich über die Zeit. Sie nutzen das Prinzip des "Compounding" – kleine, konsistente Investitionen, die exponentiell wachsen.

Mikroaktionen für verschiedene Lebensbereiche

Die Mikroaktionen-Strategie lässt sich auf praktisch jeden Lebensbereich anwenden, in dem Overthinking dich blockiert:

1. Berufliche Projekte:

- Statt "Businessplan erstellen" → "Eine zentrale Annahme definieren"

- Statt "Kundenpräsentation vorbereiten" → "Drei Kernbotschaften notieren"

- Statt "Netzwerken auf der Konferenz" → "Eine Person ansprechen und eine Frage stellen"

2. Kreative Vorhaben:

- Statt "Buch schreiben" → "Eine Seite mit Ideen füllen"

- Statt "Fotografie-Portfolio erstellen" → "Ein Bild auswählen und bearbeiten"

- Statt "Musikstück komponieren" → "Eine Melodielinie von 4 Takten erstellen"

3. Persönliche Entwicklung:

- Statt "Meditation in den Alltag integrieren" → "Eine Minute mit geschlossenen Augen atmen"

- Statt "Journaling-Praxis etablieren" → "Einen Satz über den heutigen Tag schreiben"

- Statt "Ernährung umstellen" → "Eine zusätzliche Portion Gemüse essen"

4. Beziehungen:

- Statt "Schwieriges Gespräch führen" → "Einen Termin für das Gespräch festlegen"

- Statt "Aktives Zuhören praktizieren" → "Eine Frage stellen und nicht unterbrechen"

- Statt "Mehr Zeit mit der Familie verbringen" → "Ein 10-Minuten-Spiel initiieren"

Michael, ein Manager mit Tendenz zum Perfektionismus, wendete Mikroaktionen an, um sein Feedback-Verhalten zu verbessern: "Ich hatte immer gezögert, kritisches Feedback zu geben, weil ich stundenlang über die perfekte Formulierung nachdachte. Meine Mikroaktion war: Nach jedem Meeting eine kleine Anmerkung zu einer Sache machen, die verbessert werden könnte. Nach einem Monat war Feedback-Geben zu einer natürlichen Gewohnheit geworden, und mein Team schätzte die kontinuierlichen kleinen Hinweise viel mehr als die seltenen, überdurchdachten Feedback-Sitzungen."

ÜBUNG: Deine Mikroaktionen-Treppe

Um die Kraft der Mikroaktionen zu nutzen, erstelle deine persönliche Mikroaktionen-Treppe für ein Projekt oder eine Aufgabe, bei der du zum Overthinking neigst:

1. **Identifiziere das Projekt oder die Aufgabe**, die du aufschiebst oder bei der du zum Grübeln neigst.

2. **Zerlege sie in mindestens 10 Einzelschritte**, auch wenn sie zunächst redundant oder zu detailliert erscheinen.

3. **Reduziere jeden Schritt auf eine Mikroaktion**, die in 2 Minuten oder weniger erledigt werden kann.

4. **Ordne die Mikroaktionen in einer logischen Reihenfolge** – von der einfachsten zur anspruchsvollsten.

5. **Verpflichte dich, jeden Tag mindestens eine Mikroaktion** auszuführen, idealerweise zur selben Tageszeit.

6. **Dokumentiere jeden Erfolg**, egal wie klein er erscheinen mag.

Beispiel einer Mikroaktionen-Treppe für das Schreiben einer wichtigen E-Mail:

1. Computer einschalten und E-Mail-Programm öffnen

2. Empfängerfeld ausfüllen

3. Betreffzeile schreiben

4. Eine Begrüßung tippen

5. Einen Satz zum Kontext der E-Mail schreiben

6. Einen Satz zum Hauptanliegen formulieren

7. Eine konkrete Frage oder Bitte formulieren

8. Einen Satz zur Begründung schreiben

9. Einen Abschlusssatz tippen

10. Mit Namen unterschreiben

Umgebungsdesign: Wie du deine Umgebung für mehr Handlung optimierst

Mikroaktionen werden noch wirksamer, wenn du deine Umgebung so gestaltest, dass sie Handlung fördert und Overthinking hemmt. Dies nennt man "Umgebungsdesign" oder "Choice Architecture" – die bewusste Gestaltung deiner Umgebung, um bestimmte Verhaltensweisen zu erleichtern.

Prinzipien des handlungsfördernden Umgebungsdesigns:

1. **Die 20-Sekunden-Regel**: Reduziere den Aufwand für erwünschte Verhaltensweisen um mindestens 20 Sekunden und erhöhe ihn für unerwünschte. Beispiel: Sportkleidung abends bereitlegen reduziert die Hürde für morgendliches Training.

2. **Sichtbarkeit erhöhen**: Was wir sehen, beeinflusst, woran wir denken. Platziere visuelle Erinnerungen an deine Mikroaktionen an prominenten Stellen. Beispiel: Ein Post-it mit "Nur eine Folie" auf dem Computerbildschirm.

3. **Ablenkungen eliminieren**: Entferne Auslöser für Overthinking aus deiner Umgebung. Beispiel: Das Smartphone in einem anderen Raum laden, wenn du an einem Projekt arbeitest.

4. **Handlungs-Trigger schaffen**: Verbinde Mikroaktionen mit bestehenden Gewohnheiten oder Umgebungsmerkmalen. Beispiel: "Nach jedem Kaffee schreibe ich einen Absatz."

5. **Fortschritt visualisieren**: Mache Fortschritte durch visuelle Darstellungen sichtbar. Beispiel: Ein einfaches Fortschrittsdiagramm an der Wand.

Lisa, eine Produktmanagerin, gestaltete ihr Büro gezielt um, um ihre Tendenz zum Overthinking bei Entscheidungen zu reduzieren: "Ich habe eine Sanduhr mit zwei Minuten auf meinem Schreibtisch. Für kleine Entscheidungen erlaube ich mir nur, die Sanduhr einmal umzudrehen. Für mittlere Entscheidungen zweimal. Bei großen Entscheidungen maximal fünfmal. Diese visuelle Begrenzung hat meine Entscheidungsgeschwindigkeit verdreifacht und die Qualität meiner Entscheidungen nicht beeinträchtigt."

Technologien und Tools für Mikroaktionen

In unserer digitalen Welt gibt es zahlreiche Tools, die Mikroaktionen unterstützen können:

1. **Timer-Apps**: Apps wie "Forest" oder "Focus Booster", die kurze Fokusperioden fördern – ideal für zeitlich begrenzte Mikroaktionen.

2. **Habit-Tracker**: Apps wie "Habitica" oder "Streaks", die tägliche kleine Erfolge sichtbar machen und Kontinuität fördern.

3. **Minimalistische Schreib-Tools**: Programme wie "Hemingway" oder "iA Writer", die Ablenkungen minimieren und den Fokus auf wenige Worte lenken.

4. **Task-Management-Apps mit Subtask-Funktion**: Tools wie "Todoist" oder "TickTick", die das Aufbrechen größerer Aufgaben in Mikroaktionen unterstützen.

5. **Blockier-Tools**: Programme wie "Freedom" oder "Cold Turkey", die ablenkende Websites während deiner Mikroaktions-Sessions blockieren.

Der Schlüssel liegt jedoch nicht in der Komplexität der Tools, sondern in ihrer Einfachheit. Das beste Tool ist jenes, das die Reibung zwischen Intention und Handlung minimiert, nicht eines, das selbst zum Objekt des Overthinking wird.

Die Mikro-Gewohnheits-Revolution

Mikroaktionen sind nicht nur ein Weg, um einzelne Aufgaben anzugehen – sie können zu einer transformativen Lebensphilosophie werden, die als "Mikro-Gewohnheits-Revolution" bezeichnet wird.

Die Kernprinzipien dieser Revolution:

1. **Konsistenz schlägt Intensität**: Lieber täglich 2 Minuten als einmal pro Woche 2 Stunden.

2. **Das "Zu wenig, um zu scheitern"-Prinzip**: Setze die Messlatte so niedrig, dass Scheitern praktisch unmöglich wird.

3. **Identitätsbasierte Gewohnheiten**: Fokussiere nicht auf Ziele, sondern auf die Identität, die du entwickeln willst. Nicht "Ich will ein Buch schreiben", sondern "Ich bin jemand, der täglich schreibt".

4. **Die Ein-Prozent-Verbesserung**: Strebe nach winzigen, aber kontinuierlichen Verbesserungen, die sich über Zeit exponentiell auswirken.

Der Autor und Unternehmer James Clear fasst es so zusammen: "Verbesserung um 1% scheint unbedeutend. Aber es summiert sich: 1% besser jeden Tag bedeutet 37mal besser in einem Jahr."

ÜBUNG: Dein Mikro-Gewohnheits-System

Um Mikroaktionen zu einem dauerhaften Teil deines Lebens zu machen, entwickle dein persönliches Mikro-Gewohnheits-System:

1. **Wähle drei Lebensbereiche**, in denen du zum Overthinking und zur Inaktivität neigst.

2. **Definiere für jeden Bereich eine Mikro-Gewohnheit**, die in maximal 2 Minuten umsetzbar ist und täglich praktiziert werden kann.

3. **Wähle für jede Mikro-Gewohnheit einen festen Auslöser** – eine bestehende Gewohnheit oder einen Zeitpunkt, nach/zu dem du die neue Gewohnheit praktizierst.

4. **Erschaffe ein minimalistisches Tracking-System** – ein einfaches Blatt Papier mit einem Kalender, auf dem du tägliche Erfolge markierst, ist oft effektiver als komplexe Apps.

5. **Feiere jeden Erfolg** – egal wie klein er erscheinen mag. Die Anerkennung kleiner Erfolge fördert die Ausschüttung von Dopamin und verstärkt die positive Verhaltensspirale.

Ein Beispiel:

- Bereich: Kreatives Schreiben

- Mikro-Gewohnheit: Einen Satz schreiben

- Auslöser: Nach dem ersten Kaffee am Morgen

- Tracking: Kalendereintrag mit einem "W" für jeden Tag mit Schreiben

- Feier: Ein Moment bewusster Selbstanerkennung nach jedem geschriebenen Satz

Zusammenfassung: Die Revolution der kleinen Schritte

Mikroaktionen sind der Schlüssel zur Überwindung von Overthinking und Handlungsblockaden. Sie funktionieren, weil sie:

1. Die psychologischen Widerstände umgehen, die bei großen Aufgaben entstehen

2. Sofortige kleine Erfolge erzeugen, die motivieren

3. Den schwierigsten Teil jeder Aufgabe – den Anfang – erleichtern

4. Eine positive Identität als "handelnde Person" aufbauen

5. Konsistenz fördern, die langfristig zu
   exponentiellen Ergebnissen führt

Der Weg vom ewigen Denker zum entschlossenen
Macher führt nicht über dramatische Transformationen
oder heroische Willensanstrengungen. Er besteht aus einer
Kette winziger, fast lächerlich kleiner Schritte, die
zusammen eine Revolution in deinem Leben bewirken
können.

Wie der chinesische Philosoph Laozi vor über 2000
Jahren sagte: "Eine Reise von tausend Meilen beginnt mit
einem einzigen Schritt." Mikroaktionen machen diesen
ersten Schritt so klein, dass selbst der hartnäckigste
Overthinking-Experte ihn nicht mehr vermeiden kann.

Im nächsten Teil unserer Reise werden wir uns mit
spezifischen Hindernissen beschäftigen, die besonders
häufig zu Overthinking führen – angefangen mit sozialen
Ängsten, die viele Menschen davon abhalten, ihr volles
Potenzial zu leben.

TEIL 4: ÜBERWINDUNG SPEZIFISCHER HINDERNISSE

Soziale Ängste überwinden

"Was werden die anderen denken?" "Was, wenn ich etwas Dummes sage?" "Alle werden merken, wie nervös ich bin."

Diese Gedanken sind die klassischen Begleiter sozialer Ängste – und gleichzeitig Hochburgen des Overthinking. Für viele Menschen ist das Grübeln über soziale Situationen der größte Energie- und Zeitfresser überhaupt.

In diesem Kapitel werden wir untersuchen, wie Overthinking soziale Interaktionen sabotiert, und konkrete Strategien kennenlernen, um diese besondere Form der Denkschleife zu durchbrechen.

Wie Overthinking soziale Interaktionen sabotiert

Soziale Interaktionen sind von Natur aus komplex und dynamisch. Sie erfordern Präsenz, Spontaneität und die Fähigkeit, im Moment zu reagieren. Genau hier liegt das Problem für Overthinking-Experten: Sie sind oft mental nicht im Hier und Jetzt, sondern in einer imaginären Zukunft oder Vergangenheit.

Die typischen Overthinking-Muster bei sozialen Ängsten:

1. **Pre-Event-Rumination**: Stunden- oder tagelange gedankliche Vorbereitung auf soziale Ereignisse, einschließlich detaillierter Szenarien von möglichen Gesprächsverläufen.

2. **Selbstfokussierte Aufmerksamkeit**: Übermäßige Konzentration auf die eigenen Empfindungen, Reaktionen und möglichen Fehler während der Interaktion.

3. **Post-Event-Processing**: Stundenlanges Analysieren vergangener Interaktionen, oft mit Fokus auf vermeintliche Fehler oder peinliche Momente.

Diese Muster schaffen einen Teufelskreis: Je mehr wir über soziale Interaktionen nachdenken, desto ängstlicher werden wir. Je ängstlicher wir sind, desto mehr denken wir nach. Das Ergebnis ist oft soziale Vermeidung oder eine stark reduzierte Qualität der Interaktion.

Die Wissenschaft bestätigt diesen Zusammenhang: Eine Studie der University of Oxford fand heraus, dass Menschen mit sozialen Ängsten bis zu 70% ihrer wachen Zeit damit verbringen können, über vergangene oder zukünftige soziale Interaktionen nachzudenken. Dieses Grübeln verstärkt die Angst und beeinträchtigt die realen Interaktionen erheblich.

Sophia, eine begabte Marketingexpertin, erlebte dies hautnah: "Vor jedem Meeting bereitete ich mich stundenlang vor – nicht nur inhaltlich, sondern mit genauen Skripten, was ich sagen würde. Im Meeting selbst war ich dann so fokussiert darauf, mein Skript abzuspulen, dass ich kaum zuhörte und nicht auf die

Dynamik reagieren konnte. Nach dem Meeting verbrachte ich Stunden damit, jedes Detail zu analysieren und mich für jeden vermeintlichen Fehler zu verurteilen. Ich war mental nie wirklich präsent – weder vor, während noch nach dem Meeting."

Die neurologische Verbindung zwischen Overthinking und sozialer Angst

Auf neurologischer Ebene besteht eine faszinierende Verbindung zwischen Overthinking und sozialer Angst. Bei Menschen mit sozialen Ängsten zeigt sich typischerweise:

1. **Überaktivität der Amygdala**: Dieses emotionale Zentrum im Gehirn, zuständig für Angstreaktionen, reagiert bei sozial ängstlichen Menschen stärker auf potenzielle Bedrohungen.

2. **Reduzierte Aktivität im präfrontalen Cortex**: Dieser Bereich, zuständig für rationales Denken und emotionale Regulation, zeigt bei sozialer Angst eine verminderte Aktivität.

3. **Verstärkte Aktivität im Default Mode Network (DMN)**: Dieses Netzwerk, das bei selbstbezogenen Gedanken aktiv ist, zeigt erhöhte Aktivität – ein neurologisches Korrelat des Grübelns.

Diese neurologischen Muster verstärken sich gegenseitig: Die überaktive Amygdala signalisiert Gefahr, das DMN dreht die Gedanken im Kreis, und der schwächere präfrontale Cortex kann diesen Kreislauf nicht effektiv durchbrechen.

Die gute Nachricht: Durch gezielte Interventionen können diese neurologischen Muster verändert werden. Die Neuroplastizität – die Fähigkeit des Gehirns, sich durch Erfahrung zu verändern – ermöglicht es uns, neue, gesündere Reaktionsmuster zu entwickeln.

Praktische Expositionsübungen für soziale Situationen

Eine der effektivsten Methoden zur Überwindung sozialer Ängste ist die graduelle Exposition – das schrittweise Aussetzen gegenüber gefürchteten sozialen Situationen, kombiniert mit Techniken, die das Overthinking reduzieren.

Der Expositions-Stufenplan:

1. **Identifiziere deine Angst-Hierarchie**: Erstelle eine Liste sozialer Situationen, die dir Angst machen, und ordne sie von mild (1/10) bis intensiv (10/10).

2. **Beginne mit leichten Expositionen**: Starte mit Situationen, die nur leichte Angst auslösen (2-3/10), und arbeite dich langsam nach oben.

3. **Kombiniere Exposition mit Anti-Overthinking-Strategien**: Besonders wirksam sind:

   o Aufmerksamkeitsfokus nach außen richten (auf konkrete Details der Umgebung)

   o Atemtechniken vor und während der Exposition

- o Implementation Intentions für spezifische soziale Verhaltensweisen

- o Mikroaktionen für den Einstieg in soziale Situationen

4. **Reguläre Praxis**: Wiederhole jede Übung mehrmals, bis die Angst deutlich nachlässt, bevor du zur nächsten Stufe übergehst.

Konkrete Beispiele für Expositionsübungen:

Stufe 1 (leicht):

- Einem Kassierer direkt in die Augen schauen und "Danke" sagen

- Einen Fremden nach der Uhrzeit fragen

- Ein kurzes Kompliment an einen Kollegen geben

Stufe 2 (mittel):

- Eine Frage in einer kleinen Gruppendiskussion stellen

- Ein 2-Minuten-Gespräch mit einem neuen Kollegen initiieren

- In einem Restaurant eine Sonderwünsche äußern

Stufe 3 (herausfordernd):

- Eine kurze Präsentation vor bekannten Personen halten

- An einem sozialen Event teilnehmen, wo du nur wenige Leute kennst

- Eine kontroverse Meinung in einer Gruppendiskussion vertreten

Stufe 4 (intensiv):

- Eine Rede vor größerem Publikum halten

- Auf eine Netzwerkveranstaltung gehen und aktiv neue Kontakte knüpfen

- Eine Diskussion oder ein Meeting leiten

Thomas, ein IT-Spezialist mit starker sozialer Angst, begann mit einfachen Expositionen: "Meine erste Übung war, jeden Tag einem Kollegen ein einfaches Kompliment zu machen. Als Anti-Overthinking-Strategie verwendete ich eine Implementation Intention: 'Wenn ich einen Kollegen im Flur treffe, dann mache ich innerhalb von 5 Sekunden ein Kompliment zu seiner Arbeit.' Nach drei Wochen war diese Handlung so natürlich, dass ich kaum noch darüber nachdachte. Dann ging ich zur nächsten Stufe über: Fragen in Teammeetings stellen. Nach sechs Monaten gradueller Exposition konnte ich Präsentationen vor der gesamten Abteilung halten – etwas, das ich mir vorher nie zugetraut hätte."

ÜBUNG: Deine persönliche Expositionsleiter

Erstelle deine eigene Expositionsleiter für soziale Situationen:

1. **Angst-Mapping**: Notiere mindestens 10 soziale Situationen, die dir Angst machen, und bewerte sie auf einer Skala von 1-10.

2. **Graduelle Leiter**: Ordne die Situationen in aufsteigender Reihenfolge und ergänze gegebenenfalls Zwischenschritte.

3. **Konkrete Aktionen**: Definiere für jede Stufe der Leiter eine spezifische, messbare Handlung.

4. **Anti-Overthinking-Strategien**: Wähle für jede Exposition eine konkrete Strategie gegen das Grübeln (z.B. Aufmerksamkeitsfokus, Implementation Intention).

5. **Zeitplan**: Lege fest, wann du mit der ersten Stufe beginnst und wie oft du sie wiederholst, bevor du zur nächsten übergehst.

6. **Belohnungssystem**: Definiere kleine Belohnungen für jede gemeisterte Expositionsstufe.

Die drei Säulen der Expositionstherapie

Damit Expositionsübungen maximale Wirksamkeit entfalten und tatsächlich das Overthinking reduzieren (statt es möglicherweise zu verstärken), sind drei Schlüsselelemente zu beachten:

1. **Habituation**: Bleibe lang genug in der Situation, bis die Angst spürbar nachlässt. Dies zeigt deinem Gehirn, dass die Situation nicht wirklich gefährlich ist. Die anfängliche Angst wird mit jeder Wiederholung schwächer.

2. **Korrektive Erfahrungen**: Sammle Beweise, die deinen negativen Erwartungen widersprechen. Notiere nach jeder Exposition konkret, welche katastrophalen Erwartungen nicht eingetreten sind.

3. **Unterbindung von Sicherheitsverhalten**:
   Verzichte bewusst auf subtile
   Vermeidungsstrategien (z.B. das Smartphone als
   "Schutzschild" bei sozialen Events, Alkohol zur
   Angstreduktion, übermäßige Vorbereitung). Diese
   Verhaltensweisen verstärken langfristig die Angst.

Die Psychologin Dr. Celia Ampel erklärt: "Viele Klienten
mit sozialer Angst setzen Overthinking selbst als
Sicherheitsverhalten ein – sie glauben, dass sie durch
intensive Vorbereitung Katastrophen verhindern können.
Ein wichtiger Teil der Therapie ist, dieses 'schützende
Grübeln' schrittweise abzubauen und zu zeigen, dass
spontane Interaktionen tatsächlich besser verlaufen."

Von Isolation zu Verbindung durch mutige Schritte

Soziale Angst und das damit verbundene Overthinking
führen oft zu einem schleichenden Rückzug und
zunehmender Isolation. Der Weg zurück zur Verbindung
erfordert mehr als nur Expositionsübungen – er erfordert
eine grundlegende Neuausrichtung unserer Einstellung zu
sozialen Interaktionen.

**Fünf Paradigmenwechsel für tiefgreifende soziale
Transformation:**

1. **Von Performanz zu Präsenz**: Statt soziale
   Interaktionen als "Auftritte" zu sehen, die bewertet
   werden, betrachte sie als Gelegenheiten für echte
   Verbindung. Frage nicht "Wie wirke ich?",
   sondern "Wie kann ich wirklich präsent sein?"

2. **Von Selbstfokus zu Anderen-Fokus**: Lenke
   deine Aufmerksamkeit bewusst auf dein
   Gegenüber statt auf deine inneren Zustände. Dies

reduziert Overthinking automatisch und verbessert gleichzeitig die Qualität der Interaktion.

3. **Von Perfektion zu Authentizität**: Erlaube dir, mit deinen Stärken UND Schwächen sichtbar zu sein. Paradoxerweise macht dies dich nicht angreifbarer, sondern sympathischer und verbundener.

4. **Von Risiko zu Gelegenheit**: Reframe soziale Situationen von "Risiken für Ablehnung oder Peinlichkeit" zu "Gelegenheiten für Wachstum und Verbindung".

5. **Von digitaler zu realer Verbindung**: Digitale Kommunikation begünstigt Overthinking durch die Möglichkeit endloser Revision. Priorisiere bewusst Face-to-Face-Interaktionen für tiefere Verbindungen.

Maria, eine Grafikdesignerin mit chronischem Social-Media-Overthinking, berichtet: "Ich verbrachte Stunden damit, jede Instagram-Story oder jeden Kommentar zu analysieren und zu perfektionieren – und fühlte mich trotzdem einsam. Dann begann ich, jede Woche einen Kaffee-Termin mit einem Freund oder Kollegen einzuplanen. Die Regel war: keine Handys, keine Vorbereitung, einfach präsent sein. Diese realen Verbindungen ohne die Möglichkeit zum endlosen Überdenken haben mein Leben transformiert. Ich fühle mich so viel verbundener, und überraschenderweise ist auch meine Angst vor digitaler Kommunikation gesunken."

ÜBUNG: Der soziale Mutmuskel-Trainer

Um den Weg von Isolation zu Verbindung systematisch zu gehen, trainiere deinen "sozialen Mutmuskel" mit dieser Übung:

1. **30-Tage-Challenge**: Verpflichte dich, 30 Tage lang jeden Tag eine kleine soziale Mutprobe zu unternehmen.

2. **Vielfalt der Interaktionen**: Wechsle zwischen verschiedenen Typen:

    o Neue Kontakte initiieren (z.B. jemanden ansprechen, den du schon lange kennenlernen wolltest)

    o Tiefere Gespräche führen (z.B. eine persönlichere Frage stellen)

    o Authentizität zeigen (z.B. eine Unsicherheit oder einen Fehler zugeben)

    o Grenzen setzen (z.B. höflich "Nein" sagen)

    o Hilfe anbieten oder erbitten (z.B. jemanden um einen kleinen Gefallen bitten)

3. **Rapid Response**: Führe jede soziale Handlung innerhalb von 5 Sekunden aus, sobald du den Impuls spürst (5-Sekunden-Regel). Dies verhindert das Einsetzen des Overthinking.

4. **Reality Checking**: Notiere nach jeder Interaktion:

   o Was du befürchtet hast (vor der Interaktion)

   o Was tatsächlich passiert ist

   o Was du daraus gelernt hast

5. **Erfolge feiern**: Anerkenne jeden mutigen Schritt, unabhängig vom Ergebnis. Der Erfolg liegt im Handeln trotz Angst, nicht in der "perfekten" Interaktion.

Diese systematische Praxis baut nicht nur soziale Fähigkeiten auf, sondern trainiert dein Gehirn, schneller zu handeln und weniger in Overthinking-Schleifen zu geraten.

Die Befreiung vom sozialen Perfektionismus

Ein Haupttreiber sozialer Ängste und des damit verbundenen Overthinking ist der soziale Perfektionismus – der Glaube, dass wir von anderen nur dann akzeptiert werden, wenn wir fehlerfrei, intelligent, witzig, attraktiv und in jeder Hinsicht beeindruckend sind.

Die Überwindung dieses Perfektionismus ist ein Schlüsselschritt zur Befreiung von sozialen Ängsten. Konkrete Strategien dafür:

1. **Das Empathie-Flip**: Wenn du Angst hast, negativ beurteilt zu werden, frage dich: "Wie würde ich reagieren, wenn jemand anderes den 'Fehler' machen würde, den ich fürchte?" Die Antwort ist fast immer: mit Verständnis und Empathie.

2. **Die Fehler-Normalisierung**: Übe bewusst, kleine Fehler zu machen und zu ihnen zu stehen. Beispiele: Zugeben, dass du einen Namen vergessen hast; eine Wissenslücke eingestehen; um Wiederholung bitten, wenn du etwas nicht verstanden hast.

3. **Der Makel-Vorteil**: Forschungen zeigen, dass Menschen mit kleinen Makeln oder Unvollkommenheiten oft als sympathischer wahrgenommen werden (Pratfall-Effekt). Perfekte Menschen wirken distanziert, unnahbar und manchmal sogar bedrohlich.

4. **Die Lieblings-Personen-Analyse**: Denke an Menschen, die du besonders magst. Wahrscheinlich sind es nicht die "perfekten" Personen, sondern jene mit authentischen Qualitäten, einschließlich ihrer Ecken und Kanten.

Ein Klient, Robert, überwand seine lähmende Präsentationsangst mit Hilfe dieser Strategien: "Ich hatte immer geglaubt, dass jeder kleine Fehler in meinen Präsentationen katastrophal wäre. Dann machte ich ein Experiment: Ich baute absichtlich einen kleinen 'Fehler' in meine Präsentation ein – einen Moment, in dem ich zugab, etwas nicht genau zu wissen. Zu meiner Überraschung reagierten die Zuhörer nicht mit Verachtung, sondern mit mehr Engagement. Sie fühlten sich wohler, Fragen zu stellen, und die Diskussion wurde lebendiger. Diese Erfahrung hat meine Sicht auf soziale Interaktionen grundlegend verändert."

Zusammenfassung: Der Weg zu sozialer Freiheit

Die Überwindung sozialer Ängste und des damit verbundenen Overthinking ist ein Prozess, der Mut, Praxis und eine neue Perspektive erfordert. Die wichtigsten Erkenntnisse:

1. Overthinking sabotiert soziale Interaktionen, indem es uns aus dem Moment reißt und in Grübelschleifen gefangen hält.

2. Graduelle Exposition, kombiniert mit Anti-Overthinking-Strategien, ist der wissenschaftlich fundierteste Weg, soziale Ängste zu überwinden.

3. Die Verlagerung des Fokus von Selbstbeobachtung hin zum Gegenüber reduziert automatisch das Overthinking.

4. Soziale "Perfektion" ist nicht nur unerreichbar, sondern auch kontraproduktiv – authentische Verbindung entsteht durch echte Präsenz und Verletzlichkeit.

5. Jeder mutige soziale Schritt, unabhängig vom Ergebnis, stärkt den "Mutmuskel" und reduziert langfristig die Tendenz zum Overthinking.

Der Weg von sozialer Isolation zu Verbindung ist keine gerade Linie, sondern ein Prozess mit Höhen und Tiefen. Das Entscheidende ist, dass du dich immer wieder für mutige Schritte entscheidest, selbst wenn das Overthinking versucht, dich zurückzuhalten.

Wie Dr. Brené Brown es ausdrückt: "Verbindung ist der Grund, warum wir hier sind. Sie gibt unserem Leben Sinn und Bedeutung." Diese Verbindung liegt jenseits des

Overthinking – in dem Moment, in dem wir den Mut finden, authentisch und präsent zu sein.

Perfektionismus bezwingen

"Gut genug ist nicht gut genug." "Wenn es nicht perfekt ist, ist es wertlos." "Besser gar nicht abgeben als etwas Mittelmäßiges."

Diese Gedanken sind die Mantras des Perfektionismus – einer der häufigsten und destruktivsten Formen des Overthinking. Perfektionismus erscheint oft als Tugend getarnt, als Streben nach Exzellenz. In Wirklichkeit ist er jedoch ein erbarmungsloser Taskmaster, der unendliches Grübeln fördert und konkrete Ergebnisse verhindert.

In diesem Kapitel werden wir untersuchen, wie Perfektionismus Overthinking nährt und wie du diesen hartnäckigen Antreiber überwinden kannst.

Die Tyrannei der hohen Standards erkennen

Perfektionismus ist mehr als nur hohe Standards – es ist ein spezifisches Denk- und Verhaltensmuster, das durch mehrere Kernmerkmale gekennzeichnet ist:

1. **Überhöhte Standards**: Ziele werden so hoch gesetzt, dass sie praktisch unerreichbar sind.

2. **Alles-oder-Nichts-Denken**: Alles unterhalb der Perfektion wird als Scheitern betrachtet.

3. **Selbstwert an Leistung gekoppelt**: Der persönliche Wert wird durch Erfolge und Leistungen definiert.

4. **Übermäßige Selbstkritik**: Fehler werden unverhältnismäßig stark gewichtet und oft wiederholt analysiert.

5. **Angst als Antreiber**: Die Motivation kommt primär aus der Angst vor Versagen oder Kritik, nicht aus intrinsischer Freude.

Die Forschung unterscheidet zwischen zwei Typen von Perfektionismus:

- **Adaptiver Perfektionismus**: Das Streben nach Exzellenz mit hohen, aber realistischen Standards und Freude am Prozess.

- **Maladaptiver Perfektionismus**: Rigide, überhöhte Standards mit intensiver Angst vor Fehlern und ständiger Unzufriedenheit selbst bei objektiven Erfolgen.

Es ist der maladaptive Perfektionismus, der zum destruktiven Overthinking führt und den wir hier adressieren.

Dr. Paul Hewitt, ein führender Forscher zum Thema Perfektionismus, beschreibt die psychologische Dynamik so: "Perfektionisten versuchen, ein Gefühl von Wert oder Akzeptanz zu erreichen, indem sie perfekte Leistungen erbringen. Da Perfektion jedoch unerreichbar ist, erleben sie einen ständigen Zustand des Scheiterns, der Selbstkritik und der Rumination."

Die neurologische Forschung unterstützt dies: Bei Perfektionisten zeigt sich eine erhöhte Aktivität in Gehirnregionen, die mit Fehlerüberwachung und Selbstkritik verbunden sind (anteriorer cingulärer Cortex), während Regionen für positive Verstärkung und Belohnung (Nucleus accumbens) weniger aktiv sind. Dies erklärt, warum selbst bedeutende Erfolge für Perfektionisten oft nur flüchtige Befriedigung bringen.

Die verdeckten Kosten des Perfektionismus

Die Kosten des Perfektionismus werden oft unterschätzt, weil er in vielen Bereichen unserer Gesellschaft als Tugend gepriesen wird. In Wirklichkeit hat er jedoch erhebliche Auswirkungen:

1. **Produktivitätsparadoxon**: Entgegen der Intuition reduziert Perfektionismus die tatsächliche Produktivität drastisch. Studien zeigen, dass Perfektionisten weniger abschließen, mehr Zeit mit Überarbeitung verbringen und mehr unter Prokrastination leiden.

2. **Innovationshemmung**: Die Angst vor Fehlern blockiert Kreativität und Experimentierfreude – wesentliche Elemente für Innovation und Durchbrüche.

3. **Psychologische Kosten**: Perfektionismus ist mit einem erhöhten Risiko für Depressionen, Angstzustände, Burnout, Schlafstörungen und sogar Suizidgedanken verbunden.

4. **Beziehungsbelastung**: Die hohen Standards werden oft auch auf andere projiziert, was zu Kritik, Konflikten und emotionaler Distanz führt.

5. **Selbstwertproblematik**: Da die Standards nie vollständig erreicht werden können, entsteht ein chronisches Gefühl der Unzulänglichkeit.

Jennifer, eine hochqualifizierte Anwältin, beschrieb ihre Erfahrung so: "Ich hatte immer gedacht, mein Perfektionismus wäre der Schlüssel zu meinem Erfolg. Dann erkannte ich, dass ich für jeden 10-seitigen Brief 30 Stunden brauchte – nicht weil er so komplex war, sondern weil ich ihn zehnmal umschrieb. Ich arbeitete 80 Stunden pro Woche, hatte keine Zeit für Beziehungen und war trotzdem nie zufrieden mit meiner Leistung. Als ich in Therapie ging, wurde mir klar, dass mein Perfektionismus mich nicht vorangebracht, sondern zurückgehalten hatte."

Warum "done" besser ist als "perfect"

"Fertig ist besser als perfekt" – diese Maxime, die oft Unternehmern zugeschrieben wird, enthält eine tiefe Wahrheit. Hier sind die wissenschaftlich fundierten Gründe, warum "done" tatsächlich besser ist als "perfect":

1. **Das Feedback-Prinzip**: Nur fertiggestellte Arbeit generiert echtes Feedback, und echtes Feedback ist der schnellste Weg zur Verbesserung. Perfektionisten optimieren oft auf Basis von Vermutungen statt realer Daten.

2. **Die 80/20-Regel (Pareto-Prinzip)**: In den meisten Fällen erzeugen die ersten 20% des Aufwands bereits 80% des Werts. Die letzten 20% Perfektion kosten unverhältnismäßig viel Zeit und Energie.

3. **Das Iterations-Prinzip**: Schnelle Iteration schlägt langwierige Perfektion. Mehrere "gute" Versionen, die auf echtem Feedback basieren, führen zu

besseren Ergebnissen als eine lange bearbeitete "perfekte" Version.

4. **Der psychologische Momentum-Effekt**: Abschlüsse erzeugen Dopamin-Ausschüttungen, die Motivation und weitere Produktivität fördern. Perfektionismus blockiert diesen positiven Kreislauf.

5. **Die Gelegenheitskosten**: Die Zeit, die für das Perfektionieren verwendet wird, könnte für neue Projekte, Erholung oder persönliche Beziehungen genutzt werden.

Reid Hoffman, Gründer von LinkedIn, bringt es auf den Punkt: "Wenn du nicht ein bisschen beschämt über dein Produkt bist, wenn du es veröffentlichst, hast du zu lange gewartet."

Eine Studie an der Universität von Pennsylvania unterstützt dies: Teams, die schnell unvollkommene Prototypen erstellten und testeten, erzielten am Ende bessere Ergebnisse als Teams, die lange an "perfekten" Lösungen arbeiteten.

ÜBUNG: Die 80% Regel implementieren

Um den Perfektionismus zu überwinden und ins Handeln zu kommen, implementiere die 80% Regel in deinem Leben:

1. **Definiere "gut genug"**: Bestimme vor Beginn eines Projekts konkret, was "gut genug" bedeutet. Welche Kriterien müssen erfüllt sein, damit das Projekt seinen Zweck erfüllt?

2. **Setze klare Zeitlimits**: Lege von Anfang an fest, wie viel Zeit für die Aufgabe angemessen ist, und halte dich daran. Verwende einen Timer.

3. **Formuliere Absichtserklärungen**: "Wenn ich 80% des Projekts fertiggestellt habe, dann werde ich es abgeben/teilen/veröffentlichen."

4. **Etabliere ein Feedback-System**: Schaffe einen sicheren Rahmen für frühes Feedback zu unfertigen Versionen. Beginne mit wohlwollenden Personen.

5. **Erfolge dokumentieren**: Führe ein "Ergebnis-Tagebuch", in dem du erfolgreiche Projekte dokumentierst, bei denen du die 80%-Regel angewendet hast.

Michael, ein Grafikdesigner, der chronisch unter Perfektionismus litt, wendete diese Methode an: "Ich gab mir für jeden Entwurf genau 3 Stunden Zeit. Danach MUSSTE ich ihn an den Kunden senden – egal, wie 'unfertig' er sich anfühlte. Zu meiner Überraschung waren die Kunden fast immer zufrieden, und wenn sie Änderungen wünschten, waren es oft ganz andere als die, über die ich stundenlang hätte grübeln können. Nach drei Monaten mit dieser Methode hatte ich meine Produktivität verdreifacht und mein Stresslevel halbiert."

Konkrete Techniken zum Loslassen überhöhter Ansprüche

Der Weg vom Perfektionismus zur gesunden Hochleistung erfordert konkrete Techniken, die dir helfen, überhöhte Ansprüche loszulassen:

1. **Die Drei-Versionen-Technik**: Verpflichte dich, genau drei Versionen zu erstellen:

   o Version 1: Schneller, roher Entwurf (Fokus auf Vollständigkeit)

   o Version 2: Wesentliche Verbesserungen (Fokus auf Struktur)

   o Version 3: Finale Überarbeitung (Fokus auf Details) Danach ist das Projekt abgeschlossen – ohne Ausnahmen.

2. **Die Entwertungs-Strategie**: Beginne bewusst mit "schlechter" Arbeit, um die Anfangshürde zu überwinden:

   o Schreibe absichtlich einen schrecklichen ersten Absatz

   o Skizziere eine absichtlich primitive Version

   o Halte eine unvorbereitete "Testpräsentation"

   Diese Technik durchbricht den Perfektions-Paralysis-Kreislauf und macht den Weg frei für echten Fortschritt.

3. **Die Selbstmitgefühl-Praxis**: Forschungen zeigen, dass Selbstmitgefühl – nicht Selbstkritik – zu besseren Leistungen führt:

   o Erkenne gemeinsame Menschlichkeit ("Jeder macht Fehler")

- o Übe achtsame Akzeptanz von Unvollkommenheit

- o Sprich mit dir selbst, wie du mit einem guten Freund sprechen würdest

4. **Die Perspektivenwechsel-Technik**: Wenn du an einem Projekt festhängst:

   - o Frage dich: "Wie würde ich dies bewerten, wenn es von einer anderen Person käme?"

   - o Überlege: "Was würde ich einem Freund mit diesem Perfektionsanspruch raten?"

   - o Betrachte: "Wie wichtig wird dies in 1 Jahr, 5 Jahren, 10 Jahren sein?"

5. **Die Fehler-Einladungs-Praxis**: Baue bewusst die Praxis ein, Fehler als Teil des Prozesses zu akzeptieren:

   - o Setze dir ein "Fehler-Minimum" (z.B. mindestens 3 Fehler pro Woche)

   - o Feiere "wertvolle Fehler", die zu Lernerfahrungen führen

   - o Führe ein "Fehler-Tagebuch", das Fehler und daraus gewonnene Erkenntnisse dokumentiert

Dr. Kristin Neff, führende Forscherin zum Thema Selbstmitgefühl, erklärt: "Selbstmitgefühl bietet eine sichere Basis, von der aus wir unsere Fehler ehrlich betrachten können, ohne von Scham überwältigt zu werden. Paradoxerweise führt dies zu mehr Motivation für Veränderung und Wachstum als harsche Selbstkritik."

Sarah, eine Marketingmanagerin mit perfektionistischen Tendenzen, implementierte die Selbstmitgefühl-Praxis mit überraschenden Ergebnissen: "Ich hatte immer geglaubt, dass meine innere Kritikerin mich antreibt und besser macht. Als ich begann, stattdessen Selbstmitgefühl zu praktizieren, befürchtete ich, faul und mittelmäßig zu werden. Das Gegenteil geschah: Ich wurde produktiver, kreativer und erhielt besseres Feedback, weil ich weniger defensiv und mehr offen für echte Verbesserung war."

Die kognitiven Verzerrungen des Perfektionismus identifizieren und korrigieren

Perfektionismus wird durch spezifische kognitive Verzerrungen (denkfehler) aufrechterhalten – verzerrte Gedankenmuster, die trotz Gegenbeweis beibehalten werden. Das Erkennen und Korrigieren dieser Verzerrungen ist ein Schlüssel zur Überwindung des Perfektionismus.

Die häufigsten perfektionistischen Denkfehler und ihre Korrekturen:

1. **Alles-oder-Nichts-Denken**:

    o Verzerrung: "Wenn es nicht perfekt ist, ist es ein komplettes Versagen."

    o Korrektur: "Es gibt Grade des Erfolgs. Auch 80% können wertvoll und erfolgreich sein."

2. **Katastrophisieren**:

- Verzerrung: "Wenn ich diesen Fehler mache, wird meine Karriere ruiniert sein."

- Korrektur: "Ein Fehler ist ein Lernmoment, keine Katastrophe. Die meisten Fehler haben begrenzte Konsequenzen."

3. **Gedankenlesen**:

- Verzerrung: "Alle werden denken, ich bin inkompetent, wenn sie diesen Fehler sehen."

- Korrektur: "Ich kann nicht wissen, was andere denken. Viele bemerken Fehler gar nicht oder bewerten sie viel milder als ich selbst."

4. **Sollte-Aussagen**:

- Verzerrung: "Ich sollte immer die perfekte Lösung finden."

- Korrektur: "Ich tue mein Bestes mit den verfügbaren Ressourcen und Informationen."

5. **Emotionale Beweisführung**:

- Verzerrung: "Ich fühle mich unzufrieden mit meiner Arbeit, also muss sie schlecht sein."

- Korrektur: "Meine Gefühle sind keine objektiven Fakten über die Qualität meiner Arbeit."

Die kognitive Verhaltenstherapie bietet eine wirksame Methode, um diese Verzerrungen zu adressieren: Das Gedanken-Tracking und -Korrektur-Protokoll.

ÜBUNG: Perfektionismus-Gedanken-Protokoll

Führe für eine Woche dieses Protokoll:

1. **Situation**: Beschreibe kurz die Situation, die perfektionistische Gedanken auslöst.

2. **Automatischer Gedanke**: Notiere den perfektionistischen Gedanken genau so, wie er auftaucht.

3. **Emotionale Reaktion**: Welche Gefühle löst dieser Gedanke aus? (Angst, Scham, etc.)

4. **Identifiziere die Verzerrung**: Welcher der oben genannten Denkfehler ist enthalten?

5. **Alternativer Gedanke**: Formuliere einen realistischeren, ausgewogeneren Gedanken.

6. **Neue emotionale Reaktion**: Wie fühlst du dich mit dem alternativen Gedanken?

7. **Handlungsimpuls**: Welche Handlung wird durch den neuen Gedanken gefördert?

Ein Beispiel von Robert, einem Software-Entwickler:

- Situation: Code Review steht an

- Automatischer Gedanke: "Wenn sie auch nur einen Fehler finden, werden sie denken, ich bin inkompetent."

- Emotion: Angst, Scham

- Verzerrung: Katastrophisieren, Gedankenlesen

- Alternativer Gedanke: "Feedback ist Teil des Prozesses. Jeder hat blinde Flecken, und das Team will das Produkt verbessern, nicht mich kritisieren."

- Neue Emotion: Leichte Nervosität, aber auch Neugier

- Handlungsimpuls: Das Review als Lernerfahrung ansehen, aktiv um Feedback bitten

Der transformative Wert der Fehler

Ein fundamentaler Schritt zur Überwindung des Perfektionismus ist die Neubewertung von Fehlern – nicht als Beweise für Unzulänglichkeit, sondern als wesentliche Elemente des Wachstums und der Innovation.

Die Wissenschaft unterstützt diese Perspektive: Studien in Neurowissenschaft und Lernpsychologie zeigen, dass Fehler tatsächlich das Lernen beschleunigen. Wenn wir einen Fehler machen, wird das Gehirn aktiver und die neuronale Vernetzung verstärkt sich – ein Phänomen, das als "produktives Scheitern" bezeichnet wird.

Strategien zur Kultivierung einer gesunden Fehlerkultur:

1. **Das Fehler-Reframing**: Betrachte Fehler als Daten, nicht als Urteile. Jeder Fehler liefert wertvolle Informationen darüber, was funktioniert und was nicht.

2. **Die Erfolgstagebuch-Methode**: Führe ein Tagebuch, das nicht nur Erfolge dokumentiert, sondern auch wertvolle Fehler und die daraus gewonnenen Erkenntnisse.

3. **Die "Dankbarkeit für Fehler"-Praxis**: Entwickle bewusst Dankbarkeit für Fehler, die dich vor größeren Problemen bewahrt oder zu wichtigen Einsichten geführt haben.

4. **Die Fehler-Vorbilder-Technik**: Identifiziere und studiere erfolgreiche Menschen, die offen über ihre Fehler und Misserfolge sprechen. Dies normalisiert Fehler als Teil des Erfolgsprozesses.

5. **Die öffentliche Fehler-Praxis**: Teile deine Fehler und Lernerfahrungen mit anderen. Dies reduziert die Scham und kultiviert eine Wachstumsmentalität.

Thomas Edison's berühmtes Zitat verkörpert diese Haltung: "Ich bin nicht gescheitert. Ich habe nur 10.000 Wege gefunden, die nicht funktionieren." Diese Perspektive ermöglichte ihm, trotz unzähliger "Fehler" durchzuhalten und letztendlich zu innovieren.

Jennifer, eine Lehrerin, die unter lähmenden perfektionistischen Ansprüchen litt, entwickelte eine transformative Praxis: "Ich begann, am Ende jeder Woche meine drei 'besten Fehler' mit meinen Kollegen zu teilen – Fehler, aus denen ich am meisten gelernt hatte. Anfangs war es beängstigend, aber es veränderte die Kultur in unserem Team. Bald teilten auch andere ihre wertvollen Fehler, und wir alle lernten exponentiell schneller. Paradoxerweise verbesserte diese Offenheit für Fehler die

Qualität unseres Unterrichts deutlich mehr als unsere früheren Versuche, perfekt zu sein."

Zusammenfassung: Der Weg zur gesunden Exzellenz

Die Überwindung des Perfektionismus bedeutet nicht, Standards zu senken oder Mittelmäßigkeit zu akzeptieren. Es bedeutet, den lähmenden maladaptiven Perfektionismus in eine gesunde Exzellenzorientierung zu transformieren.

Der Unterschied:

Maladaptiver Perfektionismus:

- Getrieben von Angst vor Versagen und Kritik

- Fokussiert auf Fehlerlosigkeit

- Führt zu Overthinking, Prokrastination und Vermeidung

- Selbstwert abhängig von Leistung

- Resultiert in Unzufriedenheit trotz Erfolg

Gesunde Exzellenzorientierung:

- Getrieben von intrinsischer Motivation und Wachstumswunsch

- Fokussiert auf kontinuierliche Verbesserung

- Führt zu Handlung, Iteration und Lernen

- Selbstwert unabhängig von Leistung

- Resultiert in Zufriedenheit mit echtem Fortschritt

Die wichtigsten Erkenntnisse:

1. Perfektionismus ist kein Antreiber für Erfolg, sondern ein Hindernis

2. "Fertig" ist tatsächlich besser als "perfekt"

3. Spezifische kognitive Techniken können perfektionistische Gedankenmuster umstrukturieren

4. Fehler sind nicht nur unvermeidlich, sondern wertvoll für Wachstum und Innovation

5. Der Weg zur Exzellenz führt über Handlung und Iteration, nicht über endloses Grübeln

Mit diesen Erkenntnissen und Techniken kannst du beginnen, die Tyrannei des Perfektionismus zu überwinden und den befreienden Weg der gesunden Exzellenzorientierung zu beschreiten – einen Weg, der zu mehr Produktivität, Kreativität und letztendlich zu tieferer Erfüllung führt.

Im nächsten Kapitel werden wir uns mit einer grundlegenden Herausforderung beschäftigen, die für Overthinking-Experten besonders schwierig ist: dem Leben mit Unsicherheit.

Mit Unsicherheit leben lernen

"Ich muss sicher sein, bevor ich handle." "Was, wenn ich die falsche Entscheidung treffe?" "Ich brauche mehr Informationen, um sicher zu sein."

Diese Gedanken sind die Grundpfeiler eines der hartnäckigsten Treiber von Overthinking: der Intoleranz gegenüber Unsicherheit. In unserer Suche nach Gewissheit und Vorhersehbarkeit können wir in einem Kreislauf endloser Analyse gefangen werden, der ironischerweise nie zu der Sicherheit führt, die wir uns wünschen.

In diesem Kapitel werden wir erkunden, warum Unsicherheit unvermeidlich ist, wie wir sie akzeptieren können und wie wir praktische Fähigkeiten entwickeln, um mit ihr friedlich zu koexistieren.

Warum Unsicherheit unvermeidlich ist und wie du sie akzeptierst

Unsicherheit ist kein vorübergehender Zustand oder ein Problem, das gelöst werden kann – sie ist ein fundamentaler Aspekt des Lebens. Die Wissenschaft bestätigt dies auf mehreren Ebenen:

1. **Physikalische Realität**: Die Quantenphysik zeigt uns, dass selbst auf subatomarer Ebene Unbestimmtheit herrscht (Heisenbergsche Unschärferelation). Ungewissheit ist in die Struktur des Universums eingewoben.

2. **Chaostheorie**: Komplexe Systeme (wie das Wetter, die Wirtschaft oder menschliche Beziehungen) sind inhärent unvorhersehbar, weil kleinste Änderungen in den Anfangsbedingungen zu völlig unterschiedlichen Ergebnissen führen können ("Schmetterlingseffekt").

3. **Neurologische Begrenztheit**: Unser Gehirn ist nicht dafür ausgelegt, alle Variablen einer komplexen Situation zu erfassen und zu verarbeiten. Wir arbeiten immer mit unvollständigen Informationen.

4. **Zukunftsungewissheit**: Da die Zukunft noch nicht existiert, können wir sie bestenfalls mit Wahrscheinlichkeiten, nie mit Sicherheit vorhersagen.

Dr. Robert Leahy, ein Experte für Angststörungen, erklärt: "Die Suche nach absoluter Gewissheit ist ein psychologischer Teufelskreis. Je mehr wir versuchen, Unsicherheit zu eliminieren, desto mehr werden wir von ihr gequält."

Unsere Schwierigkeit, Unsicherheit zu akzeptieren, hat evolutionäre Wurzeln. Für unsere Vorfahren war es überlebenswichtig, Gefahren zu antizipieren und sich auf das Schlimmste vorzubereiten. Diese Tendenz mag im modernen Leben oft unangemessen sein, aber sie ist tief in unserer Neurologie verankert.

Der Weg zur Akzeptanz von Unsicherheit:

1. **Radikale Akzeptanz**: Erkenne an, dass absolute Sicherheit eine Illusion ist. Dies ist kein

resigniertes Aufgeben, sondern eine befreiende Wahrheit.

2. **Unterscheide zwischen produktiver und unproduktiver Unsicherheit**: Produktive Unsicherheit führt zu angemessener Vorsicht und Vorbereitung. Unproduktive Unsicherheit führt zu endloser Rumination ohne Handlung.

3. **Die Kosten der Sicherheitssuche anerkennen**: Die ständige Suche nach Sicherheit kostet enorm viel mentale Energie, Zeit und Lebensqualität – ohne das gewünschte Ergebnis zu liefern.

4. **Eine neue Beziehung zur Unsicherheit entwickeln**: Statt sie als Feind zu betrachten, erkenne sie als Quelle von Möglichkeiten, Wachstum und Überraschungen an.

Michael, ein Finanzanalyst mit chronischer Tendenz zum Overthinking, beschreibt seinen Wendepunkt: "Ich verbrachte Jahre damit, die 'perfekte' Anlagestrategie zu suchen – eine, die absolute Sicherheit bieten würde. Ich las unzählige Bücher, analysierte historische Daten und konsultierte Experten. Eines Tages hatte ich eine Einsicht: Selbst die besten Finanzexperten können die Zukunft nicht vorhersagen. Die Ungewissheit der Märkte ist keine Anomalie, sondern ihr Grundzustand. Diese Erkenntnis war zunächst beunruhigend, dann aber befreiend. Ich entwickelte eine diversifizierte Strategie, die Unsicherheit einkalkuliert, statt sie zu eliminieren. Paradoxerweise führte diese Akzeptanz der Unsicherheit zu besseren Anlageergebnissen und deutlich weniger Stress."

ÜBUNG: Die Unsicherheits-Exposition

Um deine Toleranz gegenüber Unsicherheit schrittweise zu erhöhen, praktiziere diese graduelle Expositionsübung:

1. **Erstelle eine Unsicherheits-Hierarchie**: Liste 10 unsichere Situationen auf, die bei dir leichtes bis mittleres Unbehagen auslösen. Beispiele:

   o Ein Restaurant ohne vorherige Bewertungen besuchen

   o Eine Entscheidung ohne alle "idealen" Informationen treffen

   o Eine Nachricht senden, ohne sie mehrfach zu überprüfen

   o Einen Tag ohne festen Plan verbringen

2. **Graduelle Exposition**: Beginne mit der am wenigsten beunruhigenden Situation und setze dich ihr bewusst aus. Achte dabei auf:

   o Deine Gedanken und Gefühle während der Unsicherheit

   o Den tatsächlichen Ausgang (meist weniger katastrophal als befürchtet)

   o Die Entwicklung deiner Toleranz über Zeit

3. **Reflexion**: Notiere nach jeder Exposition:

   o Was hast du befürchtet?

   o Was ist tatsächlich passiert?

   o Was hast du über deine Fähigkeit gelernt, mit Unsicherheit umzugehen?

4. **Steigerung**: Gehe erst zur nächsthöheren Stufe, wenn du bei der aktuellen Situation deutlich weniger Unbehagen spürst.

Diese systematische Exposition trainiert dein Gehirn, Unsicherheit zu tolerieren, ähnlich wie ein Muskel durch regelmäßiges Training stärker wird.

Detached Mindfulness und kognitive Defusion für Distanz zu Gedanken

Eine der wirksamsten Methoden, um mit unsicherheitsbezogenem Overthinking umzugehen, ist die Entwicklung von Distanz zu den eigenen Gedanken. Zwei komplementäre Ansätze sind besonders hilfreich:

1. Detached Mindfulness (Distanzierte Achtsamkeit):

Diese von Dr. Adrian Wells entwickelte Technik hilft, Gedanken als mentale Ereignisse zu beobachten, ohne sie zu bewerten oder auf sie zu reagieren. Der Schlüssel liegt darin, eine beobachtende Position einzunehmen, statt sich mit den Gedanken zu identifizieren.

Schritte zur Praxis:

- Erkenne, wenn unsicherheitsbezogene Gedanken auftauchen ("Was wäre, wenn...?")

- Beobachte diese Gedanken, als wären sie vorbeiziehende Wolken am Himmel

- Widerstehe dem Impuls, die Gedanken zu analysieren oder zu "lösen"

- Erlaube den Gedanken, zu kommen und zu gehen, ohne ihnen besondere Bedeutung beizumessen

Dr. Wells erklärt: "Wenn wir auf unsicherheitsbezogene Gedanken mit analytischem Denken reagieren, verstärken wir nur den Kreislauf des Overthinking. Detached Mindfulness unterbricht diesen Kreislauf, indem sie uns erlaubt, den Gedanken zu bemerken, ohne in ihn 'einzusteigen'."

2. Kognitive Defusion (Gedankliche Entflechtung):

Diese aus der Akzeptanz- und Commitment-Therapie stammende Technik hilft uns, uns von unseren Gedanken zu "entflechten" – sie nicht als absolute Wahrheiten, sondern als mentale Produkte zu erkennen.

Praktische Defusions-Techniken:

- **Die Gedanken-Beobachtung**: "Ich bemerke, dass ich den Gedanken habe, dass..."

- **Die Gedanken-Externalisierung**: Stelle dir den Gedanken als Text auf einem Bildschirm vor, oder sprich ihn mit einer seltsamen Stimme aus

- **Die Gedanken-Benennung**: "Da ist wieder mein 'Was-wäre-wenn-Gedanke'"

- **Die Gedanken-Dankbarkeit**: "Danke, Verstand, für diesen Gedanken"

- **Die Gedanken-Metapher**: Stelle dir Gedanken als Blätter auf einem Fluss vor, die vorbeitreiben

Sarah, eine Marketingmanagerin mit chronischer Unsicherheitsangst, berichtet: "Früher war ich überzeugt, dass meine 'Was wäre wenn'-Gedanken wertvolle Warnungen waren, die ich unbedingt durchdenken musste. Durch kognitive Defusion lernte ich, zu sagen:

'Ah, da ist mein Verstand wieder mit seiner Katastrophen-Story'. Ich danke ihm für seine Bemühungen, mich zu schützen, und fahre dann mit meinem Tag fort. Es ist erstaunlich, wie viel weniger Macht diese Gedanken über mich haben, wenn ich sie als 'mentale Events' statt als Wahrheiten betrachte."

ÜBUNG: Die Defusions-Praxis

Führe diese Übung täglich für eine Woche durch, um kognitive Defusion zu trainieren:

1. **Gedanken-Beobachtung**: Setze dich 5 Minuten ruhig hin und beobachte deine Gedanken, ohne auf sie zu reagieren. Wenn unsicherheitsbezogene Gedanken auftauchen, sage innerlich: "Ich bemerke, dass ich den Gedanken habe, dass [Gedankeninhalt]."

2. **Gedanken-Externalisierung**: Schreibe drei deiner hartnäckigsten Unsicherheitsgedanken auf. Lies sie dann laut mit einer Cartoon-Stimme oder in einer übertrieben dramatischen Weise.

3. **Gedanken-Metapher**: Stelle dir vor, deine Gedanken sind wie Wolken am Himmel oder Autos auf einer Straße, die vorbeiziehen. Du bist der Beobachter, nicht der Gedanke selbst.

4. **Worte wiederholen**: Nimm ein zentrales Wort aus deinem Unsicherheitsgedanken (z.B. "scheitern" oder "unsicher") und wiederhole es 30 Sekunden lang schnell. Bemerke, wie das Wort seinen emotionalen Einfluss verliert.

5. **Reflexion**: Notiere, wie sich deine Beziehung zu diesen Gedanken durch die Übungen verändert hat.

Unsicherheitstoleranz trainieren: Praktische Übungen

Unsicherheitstoleranz ist wie ein Muskel, der durch gezielte Übungen gestärkt werden kann. Hier sind praktische Methoden, um diese Fähigkeit systematisch zu entwickeln:

1. Die Ungewissheits-Exposition-Hierarchie:

Entwickle eine Stufenleiter von Situationen mit zunehmender Ungewissheit:

- **Anfängerstufe**: Kleines Risiko, geringe Konsequenzen

  o Eine neue Route zur Arbeit nehmen

  o Ein Gericht ohne Rezept kochen

  o Einen Tag ohne Uhr verbringen

- **Mittlere Stufe**: Moderates Risiko, überschaubare Konsequenzen

  o Eine Entscheidung mit unvollständigen Informationen treffen

  o Ein Gespräch ohne vorherige "Skript-Planung" führen

  o Ein Projekt beginnen, ohne den kompletten Plan zu haben

- **Fortgeschrittene Stufe**: Höheres Risiko, bedeutendere Konsequenzen

  - Eine berufliche Gelegenheit ergreifen, trotz unklarem Ausgang

  - Eine wichtige Entscheidung treffen, bei der beide Optionen Vor- und Nachteile haben

  - Eine neue Fertigkeit öffentlich üben, bevor du sie perfekt beherrschst

2. Die Ungewissheits-Meditationspraxis:

Diese spezielle Form der Meditation zielt darauf ab, deine Toleranz gegenüber dem Gefühl der Ungewissheit zu erhöhen:

- Setze dich ruhig hin und atme tief

- Rufe eine Situation in Erinnerung, die mit Unsicherheit verbunden ist

- Beobachte, wo und wie sich diese Unsicherheit körperlich manifestiert (Spannung im Bauch? Enge in der Brust?)

- Atme bewusst in diese Körperbereiche hinein

- Sage innerlich: "Dies ist das Gefühl der Unsicherheit. Ich kann mit diesem Gefühl sein, ohne sofort handeln zu müssen."

- Halte diesen Zustand für 5-10 Minuten aufrecht

Mit regelmäßiger Praxis wirst du feststellen, dass das Gefühl der Unsicherheit weniger bedrohlich und überwältigend wird.

3. Die "Was ist das Schlimmste?"-Technik:

Diese kognitive Technik hilft, katastrophale Befürchtungen zu relativieren und in Perspektive zu setzen:

- Identifiziere eine Situation, die Unsicherheit auslöst

- Frage dich: "Was ist das Schlimmste, das passieren könnte?"

- Dann frage: "Wie wahrscheinlich ist dieses Szenario wirklich?" (Nutze Beweise und Erfahrungen)

- Weiter: "Wenn das Schlimmste einträte, wie würde ich damit umgehen?" (Identifiziere Bewältigungsressourcen)

- Schließlich: "Würde ich auch in diesem Fall überleben? Würde es in 5 Jahren noch wichtig sein?"

Diese Sequenz relativiert nicht nur die Bedrohung, sondern stärkt auch dein Vertrauen in deine Bewältigungsfähigkeiten.

4. Die bewusste Verzögerungstechnik:

Diese paradoxe Intervention nutzt Verzögerung, um Unsicherheitstoleranz zu trainieren – aber anders als beim Overthinking:

- Wenn du einen starken Impuls verspürst, sofort Gewissheit zu schaffen (z.B. durch Nachfragen,

Recherchieren, Absichern), setze dir einen Timer für 30 Minuten

- Während dieser Zeit erlaubst du dir bewusst, mit dem Gefühl der Ungewissheit zu sein

- Beobachte, wie sich die Intensität des Drangs nach Gewissheit über die Zeit verändert

- Nach Ablauf der Zeit entscheide neu, ob du noch immer das Bedürfnis hast, Gewissheit zu schaffen

Diese Übung lehrt dich, dass das intensive Bedürfnis nach sofortiger Gewissheit meist von selbst nachlässt, wenn du es nicht sofort befriedigst.

Robert, ein Controller in einem Technologieunternehmen, wendete diese Technik an: "Ich war besessen davon, ständig meine E-Mails zu checken, um sicherzugehen, dass keine Probleme aufgetreten waren. Diese Gewohnheit störte meine Konzentration und Produktivität erheblich. Mit der bewussten Verzögerungstechnik setzte ich mir feste Zeiten für das E-Mail-Checken und schob den Impuls, zwischendurch nachzusehen, immer um 30 Minuten auf. Anfangs war es quälend, aber mit der Zeit lernte ich, dass die Welt nicht untergeht, wenn ich nicht sofort reagiere. Meine Produktivität stieg um 40%, und überraschenderweise lösten sich viele 'dringende' Probleme von selbst, bevor ich eingriff."

Die Paradoxie der Sicherheit: Warum mehr Kontrolle zu weniger Sicherheit führt

Eine der faszinierendsten Erkenntnisse der Psychologie der Unsicherheit ist das Kontrollparadoxon: Je mehr wir versuchen, absolute Kontrolle und Sicherheit zu erlangen, desto unsicherer fühlen wir uns.

Dieses Paradoxon manifestiert sich auf mehreren Ebenen:

1. **Der Aufmerksamkeits-Bias**: Wenn wir fokussiert nach Bedrohungen und Unsicherheiten suchen, finden wir mehr davon – was das subjektive Gefühl der Unsicherheit verstärkt.

2. **Die Kontroll-Illusion**: Je mehr wir bestimmte Aspekte zu kontrollieren versuchen, desto schmerzlicher wird das Bewusstsein für all die Faktoren, die außerhalb unserer Kontrolle liegen.

3. **Der Rückversicherungs-Teufelskreis**: Das ständige Suchen nach Bestätigung und Rückversicherung (bei Experten, Freunden, im Internet) reduziert die Unsicherheit kurzfristig, verstärkt aber langfristig die Intoleranz gegenüber Unsicherheit.

4. **Die Vermeidungs-Falle**: Je mehr Situationen wir vermeiden, um Unsicherheit zu entgehen, desto

weniger Möglichkeiten haben wir, Unsicherheitstoleranz zu entwickeln.

Dr. Kelly Wilson, ein führender Forscher in der Akzeptanz- und Commitment-Therapie, beschreibt es so: "Die Bemühungen, innere Erfahrungen wie Unsicherheit zu kontrollieren, ähneln dem Versuch, in Treibsand zu kämpfen – je mehr wir kämpfen, desto tiefer sinken wir ein."

Die Alternative ist, was Psychologen "radikale Akzeptanz" nennen – das vollständige Annehmen der Realität, einschließlich der inhärenten Unsicherheit des Lebens. Paradoxerweise führt diese Akzeptanz oft zu einem tieferen Gefühl der Sicherheit als alle Kontrollversuche.

Das Vertrauen in deine Anpassungsfähigkeit stärken

Der Schlüssel zum Leben mit Unsicherheit liegt nicht im Streben nach mehr Kontrolle, sondern im Entwickeln von Vertrauen in deine Anpassungsfähigkeit – das Wissen, dass du mit unerwarteten Ereignissen umgehen kannst, egal was passiert.

Strategien zur Stärkung dieses Vertrauens:

1. **Die Bewältigungs-Inventur**: Führe ein "Lebensresilienz-Inventar" durch:

   o Liste Situationen auf, in denen du mit Unsicherheit, Rückschlägen oder unerwarteten Ereignissen konfrontiert warst

   o Notiere, wie du diese Situationen bewältigt hast

- o Identifiziere die Stärken und Ressourcen, die dir dabei geholfen haben

- o Erkenne das Muster deiner Anpassungsfähigkeit über verschiedene Situationen hinweg

Die "Und wenn schon"-Technik: Trainiere dich darin, auf Unsicherheitsgedanken mit "Und wenn schon? Ich werde einen Weg finden, damit umzugehen" zu antworten. Dies verschiebt den Fokus von der Vermeidung der Unsicherheit zur Stärkung deiner Bewältigungsressourcen.

3. **Das Resilienz-Netzwerk**: Identifiziere und stärke die sozialen, materiellen und psychologischen Ressourcen, die dir zur Verfügung stehen. Wer sind die Menschen, die dich unterstützen können? Welche praktischen Ressourcen hast du? Welche inneren Stärken kannst du mobilisieren?

4. **Die Improvisations-Praxis**: Suche bewusst Situationen, die Spontaneität und Improvisation erfordern, um deinen "Anpassungsmuskel" zu trainieren:

    - o Improvisationstheater oder -spiele

    - o Spontane Reisen ohne detaillierten Plan

    - o Kreative Aktivitäten ohne vorgegebenes Ergebnis

5. **Die Worst-Case-Bewältigungsplanung**: Anstatt den Worst Case zu vermeiden, plane konkret, wie du damit umgehen würdest. Dies reduziert die

Angst und stärkt dein Vertrauen in deine Handlungsfähigkeit.

Alex, ein Unternehmer, beschreibt seinen Wandel: "Früher war ich besessen davon, alle Eventualitäten vorherzusehen und zu planen. Ich erstellte endlose Risikoanalysen und 'Was-wäre-wenn'-Szenarien. Dennoch fühlte ich mich ständig unsicher. Der Wendepunkt kam, als ich stattdessen begann, mein Vertrauen in meine Anpassungsfähigkeit zu stärken. Ich erinnerte mich an frühere Krisen, die ich gemeistert hatte, und erkannte meine Fähigkeit, mich anzupassen. Heute plane ich immer noch, aber der Unterschied ist: Ich vertraue darauf, dass ich mit dem Unerwarteten umgehen kann, statt zu versuchen, es vollständig zu eliminieren. Ironischerweise fühle ich mich jetzt sicherer, obwohl ich weniger kontrolliere."

ÜBUNG: Das Unsicherheits-Expositions-Tagebuch

Führe für 21 Tage dieses Expositions-Tagebuch:

1. **Tägliche Exposition**: Setze dich jeden Tag bewusst einer kleinen bis mittleren Unsicherheit aus.

2. **Dokumentation**: Notiere für jede Exposition:

   o Die Situation und das Ausmaß der Unsicherheit (1-10)

   o Deine Gedanken und Gefühle vor, während und nach der Exposition

   o Das tatsächliche Ergebnis

- Was du über deine Fähigkeit gelernt hast, mit Unsicherheit umzugehen

3. **Wöchentliche Reflexion**: Überprüfe am Ende jeder Woche:

   - Wie hat sich deine Toleranz gegenüber Unsicherheit verändert?

   - Welche neuen Bewältigungsstrategien hast du entdeckt?

   - Wie hat sich dein Verhalten in unsicheren Situationen verändert?

Diese systematische Praxis wird nicht nur deine Toleranz gegenüber Unsicherheit erhöhen, sondern auch dein Selbstvertrauen stärken und den Teufelskreis des Overthinking durchbrechen.

Das Paradox der Sicherheit durch Unsicherheit

Eine der tiefgreifendsten Erkenntnisse bei der Arbeit mit Unsicherheitstoleranz ist das, was Psychologen das "Paradox der Sicherheit durch Unsicherheit" nennen: Die wahre Sicherheit kommt nicht aus dem Versuch, Unsicherheit zu eliminieren, sondern aus der Fähigkeit, mit ihr zu leben.

Diese Perspektive wird durch verschiedene philosophische und spirituelle Traditionen unterstützt:

1. **Buddhistische Perspektive**: Das Konzept der "Unbeständigkeit" (Anicca) lehrt, dass alles im konstanten Wandel ist. Leiden entsteht nicht aus der Unbeständigkeit selbst, sondern aus unserem Widerstand dagegen.

2. **Stoische Philosophie**: Die antiken Stoiker unterschieden zwischen dem, was in unserer Kontrolle ist (unsere Einstellungen und Reaktionen), und dem, was außerhalb unserer Kontrolle liegt (externe Ereignisse). Wahre Ruhe kommt aus der Akzeptanz dieser Unterscheidung.

3. **Existenzialistische Sichtweise**: Philosophen wie Sartre und Camus argumentierten, dass die Akzeptanz der fundamentalen Unsicherheit des Lebens der Weg zur authentischen Existenz ist.

Dr. Kristin Neff, eine führende Forscherin auf dem Gebiet des Selbstmitgefühls, beschreibt es so: "Wenn wir die Unsicherheit des Lebens akzeptieren, können wir uns in einem tieferen Sinne sicher fühlen – nicht weil wir wissen, was passieren wird, sondern weil wir wissen, dass wir mit dem, was auch immer geschieht, umgehen können."

Die "Sowohl-als-auch"-Haltung entwickeln

Ein wichtiger Schritt zur Überwindung von unsicherheitsbezogenem Overthinking ist die Entwicklung einer "Sowohl-als-auch"-Haltung – die Fähigkeit, scheinbar widersprüchliche Realitäten gleichzeitig zu halten:

- Sowohl planen ALS AUCH für Unerwartetes offen sein

- Sowohl Vorsicht üben ALS AUCH mutig handeln

- Sowohl die Risiken anerkennen ALS AUCH die Chancen sehen

- Sowohl Sicherheit schätzen ALS AUCH Unsicherheit akzeptieren

Diese dialektische Haltung überwindet das Entweder-Oder-Denken, das Overthinking oft antreibt, und eröffnet einen flexibleren, nuancierteren Umgang mit der Komplexität des Lebens.

Maria, eine Ärztin, die mit schwerem Overthinking kämpfte, beschreibt ihre Transformation: "Als Medizinerin bin ich darauf trainiert, alle Risiken zu minimieren. Diese Denkweise übertrug sich auf mein Privatlcbcn, wo ich jede Entscheidung endlos analysierte, um Fehler zu vermeiden. Der Wendepunkt kam, als ich begann, eine Sowohl-als-auch-Haltung zu praktizieren: Ich kann sowohl sorgfältig sein als auch akzeptieren, dass absolute Sicherheit unmöglich ist. Diese Balance hat nicht nur mein Overthinking reduziert, sondern paradoxerweise auch zu besseren Entscheidungen geführt – weil ich nun die Komplexität und Unsicherheit als Teil des Prozesses akzeptiere, statt sie als Feind zu betrachten."

Zusammenfassung: Die Befreiung durch Akzeptanz der Unsicherheit

Das Leben mit Unsicherheit zu lernen ist vielleicht die fundamentalste Fähigkeit, um Overthinking zu überwinden. Die wichtigsten Erkenntnisse dieses Kapitels:

1. Unsicherheit ist keine Anomalie, sondern ein grundlegender Aspekt des Lebens und der Realität.

2. Der Versuch, absolute Sicherheit zu erlangen, führt paradoxerweise zu mehr Angst und Overthinking, nicht weniger.

3. Techniken wie Detached Mindfulness und kognitive Defusion helfen, eine gesündere Beziehung zu unsicherheitsbezogenen Gedanken zu entwickeln.

4. Systematische Exposition gegenüber Unsicherheit stärkt die Toleranz und reduziert die Notwendigkeit des Overthinking.

5. Wahre Sicherheit kommt nicht aus der Kontrolle externer Umstände, sondern aus dem Vertrauen in die eigene Anpassungsfähigkeit.

In den Worten des Zen-Meisters Shunryu Suzuki: "In der Haltung des Anfängergeistes gibt es viele Möglichkeiten, in der des Experten nur wenige." Diese Offenheit für das Unbekannte, diese Bereitschaft, nicht zu wissen, ist letztendlich der Weg zur Befreiung vom Overthinking.

Mit der Fähigkeit, Unsicherheit zu akzeptieren, hast du einen der mächtigsten Schlüssel zur Überwindung von Overthinking in der Hand. Im nächsten Teil werden wir erkunden, wie du all diese Erkenntnisse und Techniken integrieren kannst, um eine neue Identität als handlungsorientierter Mensch zu entwickeln.

TEIL 5: DIE TRANSFORMATION ZUM HANDLUNGSORIENTIERTEN MENSCHEN

Die neue Identität als Handelnder

"Ich bin jemand, der zu viel nachdenkt." "Ich bin einfach ein Overthinking-Typ." "Ich bin von Natur aus zögerlich und vorsichtig."

Solche Selbstbeschreibungen hören wir oft von Menschen, die zum Overthinking neigen. Sie erscheinen harmlos, doch sie sind mächtige Identitätsstatements, die unser Verhalten tiefgreifend prägen. In diesem Kapitel werden wir erkunden, wie du dein Selbstbild vom Grübler zum Macher transformieren kannst – ein Wandel, der nicht nur dein Verhalten, sondern dein gesamtes Leben verändern kann.

Vom Grübler zum Macher: Wie du dein Selbstbild veränderst

Identität ist eines der stärksten Leitprinzipien menschlichen Verhaltens. Wie der Verhaltensexperte

James Clear in seinem Buch "Atomic Habits" schreibt: "Die wirkungsvollsten Verhaltensänderungen sind identitätsbasiert, nicht ergebnisbasiert."

Wenn du dich als "Overthinking-Typ" identifizierst, wird jedes Grübeln zu einer Bestätigung deiner Identität. Die gute Nachricht: Identitäten sind nicht in Stein gemeißelt. Sie können sich durch bewusste Praxis und neue Erfahrungen verändern.

Der neuropsychologische Prozess der Identitätsveränderung:

1. **Identitätsformation**: Unser Gehirn entwickelt Selbstbilder auf Basis wiederholter Erfahrungen und deren Interpretation. Diese Selbstbilder werden zu neuronalen Netzwerken, die unser Verhalten beeinflussen.

2. **Der Bestätigungsbias**: Wir neigen dazu, Informationen zu suchen und zu bemerken, die unsere bestehende Identität bestätigen, und solche zu ignorieren, die ihr widersprechen.

3. **Die Neuroplastizität**: Unser Gehirn bleibt lebenslang formbar. Neue Erfahrungen und Interpretationen können neue neuronale Pfade etablieren, die allmählich zu einer veränderten Identität führen.

Strategien zur Transformation deiner Identität:

1. **Die Identitäts-Revision**: Beginne mit einer bewussten Neudefinition deiner Identität. Statt "Ich bin ein Overthinking-Typ" wähle Formulierungen wie:

- o "Ich bin jemand, der wohlüberlegte Entscheidungen trifft UND dann entschlossen handelt."

- o "Ich bin ein Mensch, der aus Erfahrungen lernt, nicht aus endlosem Analysieren."

- o "Ich schätze Reflexion UND Aktion gleichermaßen."

2. **Selektive Aufmerksamkeit**: Trainiere dich darin, Beweise für deine neue Identität aktiv wahrzunehmen. Führe ein "Handlungs-Tagebuch", in dem du tägliche Beispiele für entschlossenes Handeln dokumentierst, egal wie klein sie erscheinen mögen.

3. **Identitäts-basierte Gewohnheiten**: Entwickle kleine, tägliche Routinen, die deine neue Identität verkörpern. Beispiele:

- o "Als entschlossener Entscheider treffe ich kleine Entscheidungen in unter 10 Sekunden."

- o "Als Mensch, der Handlung wertschätzt, beginne ich jeden Tag mit einer konkreten Aktion."

4. **Die Umgebungs-Design-Technik**: Gestalte deine Umgebung so, dass sie deine neue Identität unterstützt. Beispiele:

- o Sichtbare Erinnerungen an deine handlungsorientierte Identität

- o Entfernung von Triggern für Overthinking

o Umgeben mit Menschen, die deine neue Identität bestärken

5. **Die Selbstansprache-Transformation**: Achte bewusst auf deine innere Selbstansprache und transformiere sie: Von: "Typisch ich, wieder am Grübeln." Zu: "Ich bemerke Grübeln und wähle jetzt, zu handeln."

Marcus, ein Produktmanager, beschreibt seinen Identitätswandel: "Ich hatte mich immer als 'analytischen Denker' gesehen – ein Euphemismus für meine Tendenz, Entscheidungen endlos hinauszuzögern. Der Wendepunkt kam, als ich begann, mich bewusst als 'entscheidungsfreudiger Stratege' zu definieren. Ich schuf ein tägliches Ritual: Jeden Morgen identifizierte ich eine Entscheidung, die ich seit Tagen aufschob, und traf sie innerhalb von 2 Minuten. Ich dokumentierte diese Entscheidungen und ihre Ergebnisse. Nach drei Monaten dieser Praxis hatte sich mein Selbstbild grundlegend verändert. Heute genieße ich es, als jemand bekannt zu sein, der Dinge vorantreibt – eine komplette Transformation meiner früheren Identität."

ÜBUNG: Die Identitäts-Inventur und -Transformation

Diese tiefgreifende Übung hilft dir, deine aktuelle Identität zu verstehen und bewusst zu transformieren:

1. **Aktuelle Identitäts-Aussagen identifizieren**:

   o Wie beschreibst du dich selbst in Bezug auf Entscheidungsfindung und Handeln?

   o Welche "Ich bin..."-Sätze verwendest du, die mit Overthinking zusammenhängen?

o   Wie würden andere dich in dieser Hinsicht beschreiben?

2. **Die Ursprünge erforschen**:

o   Wann und wie hast du diese Selbstbilder entwickelt?

o   Welche Erfahrungen haben sie geprägt?

o   Inwieweit dienen sie heute noch einem Zweck für dich?

3. **Neue Identitäts-Aussagen entwickeln**:

o   Verfasse 3-5 neue "Ich bin..."-Sätze, die deine gewünschte handlungsorientierte Identität beschreiben

o   Stelle sicher, dass sie spezifisch, positiv formuliert und emotional ansprechend sind

o   Verbinde sie mit deinen Kernwerten und -zielen

4. **Implementierungsplan erstellen**:

o   Tägliche Praktiken: Wie wirst du diese neue Identität täglich verkörpern?

o   Umgebungsdesign: Wie wirst du deine Umgebung entsprechend gestalten?

o   Accountability: Wie wirst du dich selbst zur Verantwortung ziehen?

5. **Die Implementierungslücke schließen**:

o   Identifiziere potenzielle Hindernisse für die Verkörperung deiner neuen Identität

o   Entwickle spezifische Wenn-Dann-Pläne für diese Hindernisse

o   Bestimme Unterstützungsquellen (Menschen, Ressourcen, Werkzeuge)

Diese Übung ist keine einmalige Aktivität, sondern ein fortlaufender Prozess. Überprüfe und verfeinere deine Identitätsarbeit regelmäßig, während du auf deinem Weg vom Grübler zum Macher voranschreitest.

Erfolgsgeschichten: Menschen, die den Wandel geschafft haben

Identitätstransformation mag theoretisch klingen, aber sie ist eine reale und kraftvolle Erfahrung für viele, die den Weg vom Overthinking zur Handlungsorientierung gegangen sind. Hier sind drei inspirierende Beispiele:

1. Sarah – Von der "Perfektionistin" zur "Umsetzerin"

Sarah, eine Grafikdesignerin, verbrachte oft Wochen mit der Konzeption von Projekten, ohne je zufrieden zu sein. "Ich definierte mich als Perfektionistin, als jemand, der erst handelt, wenn alles durchdacht ist. In Wahrheit war ich gelähmt von der Angst vor Kritik."

Ihr Wendepunkt kam, als ein Mentor sie herausforderte, sich für 30 Tage als "Umsetzerin" zu definieren. Sie entwickelte ein tägliches Ritual: Jeden Tag um 10 Uhr vollendete sie ein kleines kreativen Projekt – egal wie unvollkommen – und teilte es mit jemandem.

"Am Anfang war es beängstigend. Aber die kumulative Wirkung war erstaunlich. Nach einem Monat hatte ich mehr geschaffen und geteilt als im ganzen Jahr zuvor. Heute bin ich bekannt für meine Produktivität und Kreativität – nicht für Perfektion, sondern für mutige, konsistente Umsetzung. Das Interessante ist: Meine Arbeit ist tatsächlich besser geworden, seit ich aufgehört habe, mich als Perfektionistin zu sehen."

2. Michael – Vom "analytischen Zauderer" zum "entscheidungsfreudigen Führenden"

Michacl, cin Finanzanalyst, war bekannt für seine gründlichen, aber endlosen Analysen. "In Meetings präsentierte ich immer mehr Daten, mehr Szenarien, mehr Möglichkeiten – aber selten klare Empfehlungen. Ich sah mich als den 'gründlichen Analytiker'."

Seine Transformation begann, als er bei einer Beförderung übergangen wurde. Die Feedback: "Brillanter Analyst, aber keine Führungspersönlichkeit." Michael entschied, seine Identität zu verändern.

"Ich schuf eine neue Selbstdefinition als 'entscheidungsfreudiger Führender'. Mein tägliches Ritual: In jedem Meeting nenne ich eine klare Empfehlung innerhalb der ersten 5 Minuten meiner Präsentation. Nach drei Monaten war ich erstaunt: Nicht nur wurde ich als 'führungsstärker' wahrgenommen, ich fühlte mich auch so. Ein Jahr später erhielt ich die Beförderung – nicht weil ich weniger analytisch geworden war, sondern weil ich gelernt hatte, Analyse und entschlossenes Handeln zu verbinden."

3. Elena – Von der "Unsicheren" zur "mutigen Experimentiererin"

Elena, eine Lehrerin, litt unter sozialer Angst und ständigem Overthinking. "Ich definierte mich als 'die Unsichere', 'die Schüchterne'. Diese Identität wurde zu einer selbsterfüllenden Prophezeiung. Ich analysierte jede soziale Interaktion bis zur Lähmung."

Ihre Transformation begann mit einer einfachen Identitätsverschiebung: Sie definierte sich als "mutige Experimentiererin". Ihr Ritual: Jeden Tag führte sie ein kleines "soziales Experiment" durch – eine Frage stellen, eine Meinung äußern, einen neuen Unterrichtsansatz ausprobieren.

"Der Schlüssel war, diese Aktionen nicht als Erfolg oder Misserfolg zu bewerten, sondern als Experimente, die Daten liefern. Diese Perspektive befreite mich vom quälenden Overthinking. Nach sechs Monaten hatten sich mein Selbstbild und mein Verhalten so stark verändert, dass Kollegen, die mich neu kennenlernten, überrascht waren zu hören, dass ich jemals als schüchtern galt. Heute leite ich Workshops für andere Lehrer und genieße den sozialen Aspekt meiner Arbeit – undenkbar mit meiner alten Identität."

Diese Geschichten zeigen ein gemeinsames Muster: Der Weg vom Overthinking zur Handlungsorientierung beginnt mit einer bewussten Neudefinition der Identität, gefolgt von konsistenten kleinen Handlungen, die diese neue Identität verkörpern. Mit der Zeit führt diese Praxis zu einer tiefgreifenden Transformation nicht nur des Verhaltens, sondern des Selbstbildes und der Lebensqualität.

Dein neues Mindset: Leitsätze für ein handlungsorientiertes Leben

Ein kraftvolles Werkzeug zur Unterstützung deiner neuen Identität als Handelnder sind Leitsätze – prägnante, bedeutungsvolle Aussagen, die dein neues Mindset verkörpern und in schwierigen Momenten als Anker dienen können.

Sieben zentrale Leitsätze für die Transformation zum Handelnden:

1. **"Handeln schafft Klarheit, nicht umgekehrt."** Dieser Leitsatz erinnert dich daran, dass wahre Klarheit oft erst durch Handeln entsteht, nicht durch endloses Analysieren. Er ermutigt dich, den ersten Schritt zu tun, auch wenn nicht alles klar ist.

2. **"Fehler sind Daten, keine Katastrophen."** Diese Perspektive transformiert Fehler von etwas, das vermieden werden muss, zu wertvollen Informationsquellen. Sie reduziert die lähmende Angst vor Fehlern, die oft hinter Overthinking steht.

3. **"Erfahrung schlägt Analyse."** Dieser Leitsatz erinnert dich daran, dass direkte Erfahrung oft wertvoller ist als theoretische Analyse. Er ermutigt dich, ins Feld zu gehen und zu erleben, statt endlos zu theoretisieren.

4. **"Fortschritt über Perfektion."** Diese einfache Prioritätensetzung hilft dir, die Perfektionismusfalle zu vermeiden und stattdessen Wert auf kontinuierlichen Fortschritt zu legen.

5. **"Ich bin meine Handlungen, nicht meine Gedanken."** Dieser Leitsatz schafft eine gesunde Distanz zu Grübelgedanken und betont, dass unser wahres Selbst sich in unseren Handlungen manifestiert, nicht in unseren flüchtigen Gedanken.

6. **"Entscheidungen sind Experimente, keine endgültigen Urteile."** Diese Perspektive reduziert den Druck und die Angst bei Entscheidungen und fördert eine neugierige, experimentelle Haltung statt perfektionistischem Druck.

7. **"Heute handeln, morgen anpassen."** Dieser pragmatische Leitsatz betont die Wichtigkeit, ins Handeln zu kommen und Anpassungen auf Basis echter Erfahrungen vorzunehmen, statt auf die perfekte Vorbereitung zu warten.

Praktische Anwendung der Leitsätze:

1. **Visuelle Erinnerungen**: Platziere diese Leitsätze an strategischen Orten (Arbeitstisch, Badezimmerspiegel, Smartphone-Hintergrund), wo du sie regelmäßig siehst.

2. **Tägliche Reflexion**: Beginne oder ende den Tag mit einer kurzen Reflexion über einen dieser Leitsätze. Wie kannst du ihn heute verkörpern?

3. **Overthinking-Intervention**: Wenn du bemerkst, dass du in eine Grübelschleife gerätst, wähle einen

passenden Leitsatz als Anker, um dich wieder in den Handlungsmodus zu bringen.

4. **Persönliche Anpassung**: Modifiziere diese Leitsätze oder entwickle eigene, die besonders stark mit deinen Werten und Zielen resonieren.

5. **Gemeinschaftliche Verstärkung**: Teile deine Leitsätze mit unterstützenden Freunden oder Mentoren, die dich daran erinnern können, wenn du in alte Muster zurückfällst.

Julia, eine Unternehmerin, integrierte den Leitsatz "Handeln schafft Klarheit" tief in ihren Alltag: "Ich hatte diesen Satz überall – als Bildschirmschoner, als Notiz auf meinem Schreibtisch, sogar als Schlüsselanhänger. Wenn ich spürte, dass ich in eine Overthinking-Spirale geriet, wiederholte ich diesen Satz wie ein Mantra. Nach einigen Monaten wurde er zu einem Teil meines automatischen Denkens. Heute muss ich mich kaum noch bewusst daran erinnern – wenn ich Unsicherheit spüre, ist mein Instinkt jetzt, eine kleine Handlung zu setzen, anstatt tiefer ins Grübeln zu gehen."

ÜBUNG: Dein persönliches Leitsatz-System

Entwickle dein eigenes Set von handlungsorientierten Leitsätzen:

1. **Identifiziere deine Overthinking-Trigger**: In welchen Situationen oder bei welchen Themen neigst du am stärksten zum Overthinking?

2. **Wähle passende Gegenmittel**: Welche der oben genannten Leitsätze sprechen dich besonders an oder adressieren deine spezifischen Herausforderungen?

3. **Personalisiere**: Passe die Formulierungen an, damit sie für dich persönlich bedeutungsvoll und kraftvoll werden.

4. **Reduziere auf das Wesentliche**: Wähle die 2-3 wirkungsvollsten Leitsätze aus, um Überforderung zu vermeiden.

5. **Implementierungsplan**: Wie wirst du diese Leitsätze in deinen Alltag integrieren?

   o Visuelle Erinnerungen (wo genau?)

   o Tägliche Praktiken (wann und wie?)

   o Trigger-basierte Anwendung (in welchen Situationen?)

6. **30-Tage-Commitment**: Verpflichte dich, diese Leitsätze für 30 Tage konsequent anzuwenden, bevor du ihre Wirksamkeit bewertest.

Die Kraft der Selbst-Reinforcement

Ein entscheidender Aspekt der Identitätstransformation ist die konsequente Verstärkung deiner neuen Identität durch Selbst-Bestätigung und Erfolgserlebnisse. Unser Gehirn reagiert stark auf positive Verstärkung und Erfolgserlebnisse, die neuronale Pfade stärken und neues Verhalten festigen.

Strategien zur Selbst-Reinforcement:

1. **Das Handlungs-Tagebuch**: Führe täglich Buch über alle Momente, in denen du entschlossen gehandelt statt übermäßig nachgedacht hast. Dieses systematische Sammeln von "Beweisen"

für deine neue Identität ist neuropsychologisch hochwirksam.

2. **Die Erfolgs-Reflexion**: Reserviere wöchentlich Zeit, um deine Fortschritte zu reflektieren und zu feiern. Die Fragen:

   o Welche Entscheidungen habe ich diese Woche schneller getroffen als früher?

   o Wo habe ich gehandelt, obwohl ich zum Overthinking neigte?

   o Welche positiven Ergebnisse entstanden durch entschlossenes Handeln?

3. **Die Identitäts-Bestätigungen**: Entwickle kurze, kraftvolle Bestätigungen deiner neuen Identität und integriere sie in tägliche Routinen:

   o "Ich bin ein Mensch, der handelt, während andere noch nachdenken."

   o "Ich bin entscheidungsfreudig und umsetzungsstark."

   o "Ich lerne durch Handeln, nicht durch endloses Analysieren."

4. **Die Erfolgs-Anker**: Schaffe physische Erinnerungen an Situationen, in denen deine handlungsorientierte Identität zu Erfolgen geführt hat. Beispiele:

   o Ein Symbol oder Gegenstand, der einen bedeutenden Erfolg repräsentiert

- Ein "Erfolgsboard" mit visuellen Erinnerungen an Handlungs-Erfolge

- Eine "Erfolgs-Playlist" mit Musik, die dich an Momente erfolgreichen Handelns erinnert

Thomas, ein Marketingberater, nutzte die Erfolgs-Anker-Technik: "Ich schuf ein 'Entscheidungs-Armband', das ich trage. Jedes Mal, wenn ich eine schwierige Entscheidung treffe, ohne in Overthinking zu verfallen, füge ich symbolisch einen 'unsichtbaren Edelstein' hinzu. In schwierigen Momenten berühre ich das Armband und erinnere mich an all die erfolgreichen Entscheidungen, die es repräsentiert. Diese simple Technik hat meine Identität als entscheidungsfreudige Person enorm gestärkt."

Zusammenfassung: Der innere Wandel als Schlüssel

Die Transformation vom Grübler zum Macher beginnt von innen – mit einer bewussten Neuausrichtung deiner Identität. Diese Identitätsarbeit ist keine oberflächliche Übung, sondern ein tiefgreifender Prozess, der die Grundlage für nachhaltige Verhaltensänderung schafft.

Die wichtigsten Erkenntnisse dieses Kapitels:

1. Deine Identität – wie du dich selbst siehst und beschreibst – hat tiefgreifenden Einfluss auf dein Verhalten und deine Tendenz zum Overthinking.

2. Identitäten sind nicht fix, sondern können durch bewusste Praxis und neue Erfahrungen transformiert werden.

3. Der Prozess der Identitätstransformation umfasst klare Neudefinitionen, identitätsbasierte Gewohnheiten und unterstützende Umgebungsgestaltung.

4. Kraftvolle Leitsätze dienen als Anker für deine neue handlungsorientierte Identität, besonders in herausfordernden Momenten.

5. Systematische Selbst-Verstärkung festigt deine neue Identität durch die bewusste Registrierung von Erfolgen und "Beweisen".

Wie der Psychologe William James schrieb: "Human beings can alter their lives by altering their attitudes of mind." (Menschen können ihr Leben verändern, indem sie ihre geistige Haltung ändern.)

Im nächsten Kapitel werden wir diesen inneren Wandel in ein konkretes Aktionsprogramm übersetzen – die 30-Tage-Handlungs-Challenge, die dir helfen wird, deine neue Identität als handlungsorientierter Mensch in die tägliche Praxis umzusetzen.

Die 30-Tage-Handlungs-Challenge

Veränderung geschieht nicht durch Einsicht allein, sondern durch konsequente Praxis. Nachdem du nun die psychologischen Mechanismen des Overthinking verstanden und eine neue Identität als handlungsorientierter Mensch entwickelt hast, ist es Zeit für den entscheidenden Schritt: die systematische Umsetzung in deinem täglichen Leben.

Die 30-Tage-Handlungs-Challenge ist ein strukturiertes Programm, das entwickelt wurde, um in einem Monat messbare, nachhaltige Veränderungen in deinem Denk- und Handlungsmuster zu erzielen. Sie basiert auf neurowissenschaftlichen Erkenntnissen zur Gewohnheitsbildung und transformativen Lernprozessen.

Ein strukturiertes Programm für nachhaltige Veränderung

Die Challenge ist mehr als eine Ansammlung von Übungen – sie ist ein sorgfältig aufgebauter Prozess, der dich Schritt für Schritt vom Overthinking zur Handlungskompetenz führt. Die wissenschaftliche Basis:

1. **Die 30-Tage-Schwelle**: Studien zur Gewohnheitsbildung zeigen, dass etwa 3-4 Wochen konsequenter Praxis nötig sind, um neue neuronale Pfade zu etablieren. 30 Tage bieten einen optimalen Zeitrahmen für erste nachhaltige Veränderungen.

2. **Progressive Intensivierung**: Die Challenge beginnt mit niedrigschwelligen Übungen und steigert schrittweise die Komplexität und Herausforderung – eine Methode, die die Erfolgswahrscheinlichkeit maximiert.

3. **Multi-Dimensionaler Ansatz**: Das Programm adressiert alle relevanten Ebenen der Veränderung: Gedanken, Emotionen, Verhalten und Identität.

4. **Messbarer Fortschritt**: Regelmäßige Checkpoints und klare Metriken machen

Fortschritte sichtbar und verstärken die Motivation.

5. **Integrierter Ansatz**: Die Challenge verbindet alle bisher gelernten Techniken zu einem kohärenten System, das mehr ist als die Summe seiner Teile.

Vorbereitung auf die Challenge

Bevor du startest, ist eine gründliche Vorbereitung entscheidend für den Erfolg:

1. **Baseline-Assessment**: Führe eine ehrliche Selbsteinschätzung durch:

   o Wie stark beeinflusst Overthinking aktuell dein Leben? (1-10)

   o In welchen spezifischen Bereichen ist es am problematischsten?

   o Welche konkreten Verhaltensweisen möchtest du verändern?

2. **Commitment-Strategie**: Erhöhe deine Verbindlichkeit durch:

   o Öffentliches Commitment (erzähle mindestens drei Personen von deinem Vorhaben)

   o Schriftliche Verpflichtung (unterzeichne einen "Vertrag mit dir selbst")

   o Accountability-Partner (finde jemanden, der dich begleitet und unterstützt)

3. **Umgebungsoptimierung**: Gestalte deine Umgebung so, dass sie deine Challenge unterstützt:

   o   Entferne Trigger für Overthinking

   o   Platziere visuelle Erinnerungen an deine Ziele

   o   Bereite alle benötigten Materialien vor (Journal, Übungsblätter, Timer)

4. **Zeitplan-Integration**: Plane feste Zeiten für die täglichen Übungen:

   o   Idealerweise zur gleichen Tageszeit

   o   Verknüpft mit bestehenden Routinen

   o   Im Kalender geblockt und mit Erinnerungen versehen

5. **Hindernisse antizipieren**: Identifiziere potenzielle Stolpersteine und plane proaktiv:

   o   Welche Situationen könnten dich vom Kurs abbringen?

   o   Welche inneren Widerstände könnten auftauchen?

   o   Entwickle konkrete Wenn-Dann-Pläne für diese Hindernisse

Sarah, eine Produktmanagerin, bereitete sich so auf die Challenge vor: "Ich informierte mein Team, dass ich an einem persönlichen Entwicklungsprojekt zur Entscheidungsfreudigkeit arbeite. Ich reservierte täglich

20 Minuten morgens für die Übungen und schuf ein 'Handlungs-Eck' in meinem Arbeitszimmer mit allen Materialien. Am wichtigsten war mein Accountability-Partner – wir checkten jeden Abend kurz ein. Diese Vorbereitung machte einen enormen Unterschied; bei früheren Versuchen, mein Overthinking zu überwinden, hatte ich nach wenigen Tagen aufgegeben."

Woche 1: Bewusstsein und Unterbrechung (Tag 1-7)

Die erste Woche fokussiert auf erhöhtes Bewusstsein für Overthinking-Muster und die Entwicklung von Unterbrechungsstrategien.

Tag 1-2: Overthinking-Tracking

- Führe ein detailliertes Overthinking-Tagebuch: Wann, wo, worüber grübelst du?

- Identifiziere Trigger, Muster und Konsequenzen

- Entwickle ein persönliches "Overthinking-Frühwarnsystem" (körperliche, emotionale, gedankliche Anzeichen)

Tag 3-4: Unterbrechungstechniken-Training

- Erlerne und praktiziere mindestens drei Techniken zur Unterbrechung von Grübelschleifen:
  - 5-4-3-2-1 Sensorische Übung
  - Gedanken-Stopp mit physischer Anker-Geste
  - 2-Minuten-Bewegungsintervention

- Teste, welche am besten für dich funktioniert

Tag 5-7: Aktive Intervention

- Setze dir das Ziel, täglich mindestens drei Overthinking-Episoden aktiv zu unterbrechen

- Dokumentiere jede erfolgreiche Intervention

- Reflektiere täglich: Was hat funktioniert? Was nicht? Wie fühlte es sich an?

Die Woche 1 schafft ein fundamentales Bewusstsein und erste Erfolgserlebnisse. Sie ist bewusst niedrigschwellig gestaltet, um Motivation aufzubauen und die Basis für intensivere Interventionen zu legen.

Woche 2: Mikroaktionen und schnelle Entscheidungen (Tag 8-14)

Die zweite Woche fokussiert auf aktives Handeln durch Mikroaktionen und die Entwicklung von Entscheidungskompetenz.

Tag 8-9: Die Mikroaktions-Revolution

- Identifiziere drei Projekte oder Aufgaben, bei denen du zum Overthinking neigst

- Zerlege sie in mindestens 10 Mikroaktionen (2-Minuten-Aktionen)

- Führe täglich mindestens 5 dieser Mikroaktionen durch

- Dokumentiere das Gefühl des Fortschritts und der Bewegung

Tag 10-11: Entscheidungs-Bootcamp

- Implementiere die Entscheidungs-Triage aus Kapitel 5:

    o Kleine Entscheidungen: 10-Sekunden-Regel

    o Mittlere Entscheidungen: 2-Minuten-Regel

    o Größere Entscheidungen: 10-Minuten-Timer

- Führe mindestens 10 bewusst schnelle Entscheidungen pro Tag durch

- Notiere die tatsächlichen Konsequenzen (meist minimal)

Tag 12-14: Implementation Intentions

- Entwickle mindestens 5 personalisierte Wenn-Dann-Pläne für typische Overthinking-Situationen

- Übe täglich die bewusste Anwendung dieser Pläne

- Vertiefe dein Verständnis der Verknüpfung von Situation und automatischer Handlung

Die zweite Woche baut auf dem gesteigerten Bewusstsein auf und fügt aktive Handlungskomponenten hinzu. Die Mikroaktionen und schnellen Entscheidungen durchbrechen die Lähmung und schaffen Momentum.

Woche 3: Umgang mit Unsicherheit und Perfektionismus (Tag 15-21)

Die dritte Woche adressiert zwei Haupttreiber des Overthinking: Unsicherheitsintoleranz und Perfektionismus.

Tag 15-16: Unsicherheitstoleranz-Training

- Praktiziere täglich mindestens drei "komfortable Unsicherheiten" (bewusst ohne vollständige Information handeln)

- Führe die Unsicherheits-Exposition aus Kapitel 12 durch

- Entwickle persönliche Mantras für Unsicherheitssituationen

Tag 17-18: Perfektionismus-Intervention

- Implementiere die 80%-Regel: Definiere "gut genug" vor Beginn jeder Aufgabe

- Praktiziere täglich mindestens eine bewusst "unvollkommene" Handlung

- Führe ein "Fehlerfest" durch: Zelebriere bewusst einen Fehler und extrahiere die Lernchance

Tag 19-21: Kognitive Defusion und Detached Mindfulness

- Praktiziere täglich 10 Minuten Beobachtung deiner Gedanken ohne Reaktion

- Wende Defusionstechniken auf Unsicherheits- und Perfektionismusgedanken an

- Entwickle eine Metapher für deinen "grübelnden Verstand" und übe, dich von ihm zu distanzieren

Die dritte Woche geht tiefer und adressiert fundamentale psychologische Muster, die Overthinking antreiben. Diese Arbeit ist anspruchsvoller, aber durch die Erfolge der ersten beiden Wochen bist du gut vorbereitet.

Woche 4: Identitätsintegration und soziale Implementierung (Tag 22-30)

Die letzte Woche fokussiert auf die Integration deiner neuen handlungsorientierten Identität und ihre Anwendung in sozialen Kontexten.

Tag 22-24: Identitätsvertiefung

- Verfeinere deine handlungsorientierte Identitätsdefinition

- Erstelle und implementiere tägliche Identitätsrituale

- Entwickle ein persönliches Symbol oder Mantra für deine neue Identität

- Dokumentiere täglich "Beweise" für deine neue Identität

Tag 25-27: Soziale Mutig-Aktionen

- Führe täglich mindestens eine soziale Handlung durch, bei der du normalerweise zum Overthinking neigst

- Wende die in Kapitel 10 gelernten Techniken an

- Steigere schrittweise die Herausforderung

- Dokumentiere die tatsächlichen vs. befürchteten Konsequenzen

Tag 28-30: Integration und Zukunftsplanung

- Führe ein umfassendes Review der 30-Tage-Challenge durch

- Identifiziere die wirksamsten Techniken und Strategien

- Entwickle einen konkreten Plan für die Fortsetzung nach der Challenge

- Gestalte dein persönliches "Handlungs-Manifest" für zukünftige Herausforderungen

Die vierte Woche konsolidiert alle Lernerfahrungen und gewährleistet die Nachhaltigkeit über die Challenge hinaus. Die soziale Komponente ist bewusst am Ende platziert, wenn deine handlungsorientierte Identität bereits gestärkt ist.

ÜBUNG: Deine persönliche Challenge-Planung

Um die 30-Tage-Challenge auf deine individuellen Bedürfnisse zuzuschneiden, nimm dir Zeit für diese Planungsübung:

1. **Persönliche Schwerpunkte identifizieren**:

   o In welchen Lebensbereichen ist dein Overthinking am problematischsten?

   o Welche spezifischen Situationen lösen es besonders stark aus?

   o Welche der bisher gelernten Techniken sprechen dich am meisten an?

2. **Anpassung des Programms**:

- Passe die täglichen Übungen basierend auf deine Schwerpunkte an

- Erhöhe oder reduziere den Schwierigkeitsgrad je nach deinem Ausgangspunkt

- Integriere persönlich bedeutsame Elemente und Metaphern

3. **Erfolgsmetriken definieren**:

- Was sind deine konkreten, messbaren Ziele für die 30 Tage?

- Wie wirst du Fortschritt definieren und messen?

- Welche qualitativen und quantitativen Indikatoren wirst du tracken?

4. **Accountability-System**:

- Wie wirst du dich selbst zur Verantwortung ziehen?

- Wer könnte dich auf diesem Weg unterstützen?

- Welche Belohnungen wirst du für erreichte Meilensteine einsetzen?

5. **Nach-Challenge-Strategie**:

- Wie wirst du das Gelernte nach den 30 Tagen weiterführen?

o Welche spezifischen Gewohnheiten möchtest du langfristig etablieren?

o Wie wirst du Rückfälle erkennen und adressieren?

Tägliche Übungen und Reflexionen

Der Kern der Challenge sind die täglichen Übungen, die Overthinking-Muster unterbrechen und neue, handlungsorientierte Muster etablieren. Hier ist eine Struktur für die tägliche Praxis:

Morgen-Ritual (5-10 Minuten):

1. Absichtserklärung: Definiere dein handlungsorientiertes Ziel für den Tag

2. Identitäts-Bestätigung: Bekräftige deine neue Identität durch Affirmation oder Visualisierung

3. Vorausschauende Planung: Identifiziere potenzielle Overthinking-Trigger für den Tag und plane deine Reaktion

Tages-Intervention (integriert in den Alltag):

1. Bewusstes Tracking: Bemerke Overthinking, wenn es auftritt

2. Aktive Unterbrechung: Wende gelernte Techniken an, um Grübelschleifen zu durchbrechen

3. Mikroaktionen: Setze kleine, konkrete Handlungen statt weiterem Nachdenken

4. Implementation Intentions: Aktiviere deine Wenn-Dann-Pläne in relevanten Situationen

Abend-Reflexion (10-15 Minuten):

1. Erfolgs-Dokumentation: Notiere alle Momente erfolgreicher Handlungsorientierung

2. Muster-Erkennung: Identifiziere Fortschritte und verbleibende Herausforderungen

3. Lernen: Extrahiere Erkenntnisse aus den Erfahrungen des Tages

4. Vorbereitung: Setze eine Intention für den nächsten Tag

Emma, eine Rechtsanwältin, berichtet von ihrer Erfahrung: "Die täglichen Rituale waren der Schlüssel. Am Anfang fühlten sie sich künstlich an, aber nach etwa 10 Tagen wurden sie zu einem natürlichen Teil meines Tages. Besonders wirksam war die Abend-Reflexion – sie half mir, selbst kleine Fortschritte zu bemerken, die ich sonst übersehen hätte. Nach 30 Tagen war ich erstaunt, wie viel sich verändert hatte. Vorher konnte ich stundenlang über einen einzigen Absatz in einem Vertrag grübeln. Jetzt habe ich klare Entscheidungsprozesse und ein viel stärkeres Vertrauen in meine Fähigkeit, voranzukommen, auch ohne absolute Gewissheit."

Fortschritt messen und Erfolge feiern

Ein entscheidender Aspekt der Challenge ist die systematische Messung des Fortschritts und die bewusste Zelebration von Erfolgen. Dies verstärkt die positiven neuronalen Pfade und erhöht die Motivation.

Fortschrittsmessung:

1. **Quantitative Metriken:**

o   Anzahl der erfolgreichen
    Overthinking-Interventionen

o   Dauer von Entscheidungsprozessen
    (Vorher vs. Jetzt)

o   Anzahl abgeschlossener vs. geplanter
    Aktionen

o   Täglicher "Handlungs-Score" (selbst
    definierte Punkteskala)

2. **Qualitative Indikatoren:**

o   Veränderungen im emotionalen Zustand
    (Angst, Stress, Zufriedenheit)

o   Feedback von anderen (bemerken sie
    Veränderungen?)

o   Subjektives Gefühl der Agency und
    Selbstwirksamkeit

o   Qualität der Entscheidungsergebnisse

3. **Grafische Darstellung:**

o   Führe ein visuelles Tracking deines
    Fortschritts

o   Erstelle eine "Fortschrittskurve" für
    zentrale Metriken

o   Visualisiere den Prozess durch ein
    "Handlungs-Thermometer"

Erfolge feiern:

1. **Mikro-Zelebrationen:** Feiere täglich kleine Erfolge durch:

   o Bewusste Momente der Selbstanerkennung

   o Ein kleines, sinnliches Ritual (z.B. eine Tasse Lieblingstee)

   o Kurze Notizen in einem "Erfolgs-Journal"

2. **Wöchentliche Meilensteine:** Plane bedeutungsvollere Belohnungen für wöchentliche Erfolge:

   o Eine angenehme Aktivität als Belohnung

   o Teilen deiner Erfolge mit deinem Accountability-Partner

   o Ein "Feier-Ritual", das deine Fortschritte würdigt

3. **Challenge-Abschluss:** Plane eine substantielle Feier für den erfolgreichen Abschluss der 30 Tage:

   o Ein besonderes Erlebnis als Belohnung

   o Ein symbolisches Objekt, das deinen Wandel repräsentiert

   o Ein Brief an dein zukünftiges Selbst, der deine Transformation dokumentiert

Marcus, ein Projektmanager, gestaltete sein Belohnungssystem so: "Ich schuf ein 'Handlungs-Punktesystem': Für jede Overthinking-Intervention, jede schnelle Entscheidung und jede Mikroaktion gab ich mir Punkte. Bei 50 Punkten gönnte ich mir einen speziellen Kaffee, bei 200 ein neues Buch, und für den Abschluss der Challenge kaufte ich mir die Smartwatch, die ich schon lange wollte. Das klingt vielleicht simpel, aber es machte einen riesigen Unterschied in meiner Motivation. Die visuelle Darstellung meines Fortschritts half mir, auch an schwierigen Tagen dranzubleiben."

Überwindung typischer Herausforderungen während der Challenge

Selbst mit der besten Vorbereitung wirst du während der 30 Tage auf Herausforderungen stoßen. Hier sind Strategien für die häufigsten Hürden:

1. **"Ich habe keine Zeit für die Übungen"**

   o Lösung: Integriere die Praktiken in bestehende Routinen statt separater Zeitblöcke

   o Strategie: Reduziere die Dauer, aber halte die Konsistenz aufrecht

   o Perspektive: Die Zeit, die du durch reduziertes Overthinking gewinnst, übersteigt die Investition deutlich

2. **"Ich sehe keinen schnellen Fortschritt"**

- o Lösung: Fokussiere auf Prozess statt Ergebnis und passe deine Erwartungen an

- o Strategie: Verfeinere dein Tracking, um auch kleine Fortschritte zu erfassen

- o Perspektive: Neuronale Veränderungen sind graduell; spürbare Ergebnisse folgen oft erst nach einer "stillen" Integrationsphase

3. **"Ich falle in alte Muster zurück"**

- o Lösung: Betrachte Rückfälle als normale Teil des Lernprozesses, nicht als Scheitern

- o Strategie: Analysiere den Rückfall und passe deine Strategien entsprechend an

- o Perspektive: Die Fähigkeit, nach einem Rückfall wieder einzusteigen, ist selbst ein wichtiger Fortschritt

4. **"Die Übungen fühlen sich künstlich an"**

- o Lösung: Personalisiere die Übungen stärker, um sie authentischer zu gestalten

- o Strategie: Verbinde sie mit deinen Kernwerten und intrinsischen Motivationen

- o Perspektive: Das anfängliche Gefühl der Künstlichkeit weicht mit fortgesetzter Praxis

5. **"Meine Umgebung unterstützt meine Veränderung nicht"**

- o Lösung: Schaffe "sichere Zonen" für deine Praxis und kommuniziere deine Ziele

- o Strategie: Suche aktiv nach unterstützenden Personen oder Communities

- o Perspektive: Widerstand kann deine Entschlossenheit stärken und deine Fähigkeiten schärfen

Lisa, eine Marketingspezialistin, teilte ihre Erfahrung: "In der zweiten Woche hatte ich eine Krise – ich sah keinen Fortschritt und zweifelte am ganzen Prozess. Mein Accountability-Partner ermutigte mich, einfach weiterzumachen, ohne Ergebnisse zu erwarten. Am Ende der dritten Woche hatte ich plötzlich mehrere 'Aha-Momente', in denen ich bemerkte, wie viel leichter mir Entscheidungen fielen. Es war, als hätte mein Gehirn im Hintergrund gearbeitet, während ich die Übungen machte, und dann plötzlich alles integriert. Die Lektion: Vertraue dem Prozess, auch wenn du nicht sofort Ergebnisse siehst."

Zusammenfassung: Deine Reise zur Handlungsorientierung

Die 30-Tage-Handlungs-Challenge ist ein transformativer Prozess, der dich systematisch vom Overthinking zur Handlungskompetenz führt. Sie kombiniert neurowissenschaftliche Erkenntnisse mit praktischen Übungen, um nachhaltige Veränderungen zu bewirken.

Die wichtigsten Elemente:

1. Gründliche Vorbereitung und klare Zielsetzung

2. Progressive Steigerung der Herausforderungen über vier Wochen

3. Integration aller gelernten Techniken in einen kohärenten Ansatz

4. Systematisches Tracking und Reflexion des Fortschritts

5. Bewusste Zelebration von Erfolgen zur Verstärkung der Veränderung

Denke daran: Diese Challenge ist keine Prüfung, die du bestehen oder durchfallen kannst, sondern eine Entdeckungsreise zu einer handlungsorientierten Version deiner selbst. Jeder Tag, an dem du eine Overthinking-Schleife unterbrichst und stattdessen handelst, ist ein Erfolg – unabhängig davon, was an anderen Tagen geschieht.

In den Worten der Psychologin Kelly McGonigal: "Veränderung geschieht nicht, wenn wir nach neuen Landschaften suchen, sondern wenn wir neue Augen bekommen." Die 30-Tage-Challenge gibt dir diese neuen Augen – eine neue Perspektive, die Overthinking nicht als Teil deiner Identität, sondern als überwindbares Muster erkennt.

Im nächsten und letzten Kapitel werden wir uns damit beschäftigen, wie du die Früchte dieser Transformation langfristig sichern und in allen Lebensbereichen integrieren kannst.

Langfristige Integration

Nach 30 Tagen intensiver Praxis hast du einen bedeutenden Fortschritt auf deinem Weg vom Grübler zum Macher erzielt. Doch die wahre Herausforderung – und die größte Belohnung – liegt in der langfristigen Integration dieser Veränderungen in dein Leben. In diesem abschließenden Kapitel erfährst du, wie du deinen Fortschritt nachhaltig sicherst und eine lebenslange Reise der Handlungsorientierung gestaltest.

Wie du Rückfälle in alte Denkmuster erkennst und überwindest

Rückfälle in alte Overthinking-Muster sind kein Zeichen des Scheiterns, sondern ein normaler Teil des Veränderungsprozesses. Die Forschung zur Verhaltensänderung zeigt, dass signifikante Lebenstransformationen selten linear verlaufen. Vielmehr folgen sie einem Muster von Fortschritt, Rückfall und erneuter Entwicklung.

Die Anatomie eines Rückfalls verstehen:

Rückfälle folgen typischerweise einem vorhersehbaren Muster, das als "Rückfall-Kette" bezeichnet wird:

1. **Hochrisiko-Situation**: Ein Auslöser tritt auf (Stress, Erschöpfung, besondere Herausforderung)

2. **Bewältigungsdefizit**: Die neuen Gewohnheiten werden vorübergehend überwältigt

3. **Anfängliches Abrutschen**: Kurzfristige Rückkehr zu alten Mustern

4. **Abstinenz-Verletzungs-Effekt**: Negative Selbstbewertung ("Ich schaffe es nie")

5. **Vollständiger Rückfall**: Aufgabe der neuen Muster und Rückkehr zum Ausgangspunkt

Der Schlüssel liegt darin, diesen Prozess früh zu erkennen und zu unterbrechen, bevor er in einen vollständigen Rückfall mündet.

Frühe Warnsignale für Rückfälle:

1. **Kognitive Anzeichen**:

   o Zunehmende "ja, aber"-Gedanken

   o Wiederkehr von schwarzweißem Denken

   o Vermehrte "Was wäre wenn"-Szenarien

   o Glorifizierung von Vorsicht und Analyse

2. **Emotionale Anzeichen**:

   o Steigende Anspannung oder Angst bei Entscheidungen

   o Wachsende Unzufriedenheit mit "imperfekten" Ergebnissen

   o Verstärkte Sorge um die Meinungen anderer

   o Gefühl der Überwältigung bei komplexen Aufgaben

3. **Verhaltensanzeichen**:

   o Aufschieben von Entscheidungen

   o Vermehrtes Informationssammeln ohne Abschluss

   o Rückkehr zu endlosen Pro/Contra-Listen

o   Vermeidung von Situationen, die schnelle Entscheidungen erfordern

ÜBUNG: Dein persönliches Rückfall-Frühwarnsystem

Entwickle ein individualisiertes System, um Rückfälle frühzeitig zu erkennen:

1. **Persönliche Warnsignale identifizieren**: Reflektiere deine bisherigen Rückfälle und notiere:

   o   Welche Gedanken tauchen typischerweise zuerst auf?

   o   Welche Körperempfindungen begleiten den beginnenden Rückfall?

   o   Welche subtilen Verhaltensänderungen treten auf?

2. **Trigger-Situationen kartieren**: Identifiziere die Umstände, die Rückfälle wahrscheinlicher machen:

   o   Bestimmte Personen oder soziale Dynamiken

   o   Spezifische Stressoren oder Herausforderungen

   o   Physische Zustände (Müdigkeit, Hunger, Krankheit)

3. **Interventionsplan entwickeln**: Erstelle für jedes Warnsignal einen konkreten Plan:

- o Sofortige Maßnahmen (z.B. 5-Minuten-Bewegungspause)

- o Mittelfristige Interventionen (z.B. Gespräch mit Unterstützer)

- o Anpassung der Umgebung (z.B. Erinnerungen platzieren)

4. **Selbstmitgefühl-Protokoll**: Entwickle ein Skript für den Umgang mit einem Abrutschen:

  - o Anerkennung ohne Selbstverurteilung ("Ich bemerke, dass ich in alte Muster zurückfalle.")

  - o Gemeinsame Menschlichkeit ("Rückfälle sind ein normaler Teil von Veränderungsprozessen.")

  - o Konkrete nächste Schritte ("Ich werde jetzt eine kleine Handlung setzen.")

Thomas, ein Unternehmensberater, implementierte dieses System erfolgreich: "Ich erkannte, dass Erschöpfung nach langen Arbeitstagen mein Haupttrigger für Rückfälle war. Mein erstes Warnsignal: Ich beginne, E-Mails mehrfach zu überprüfen, bevor ich sie absende. Mein Plan: Wenn ich dieses Verhalten bemerke, mache ich sofort eine 2-Minuten-Atemübung und setze eine Mikroaktion – ich sende die E-Mail ohne weitere Überprüfung ab oder verschiebe die Entscheidung bewusst auf den nächsten Morgen. Dieses einfache System hat 90% meiner potenziellen Rückfälle abgefangen."

Die Rückfall-Unterbrechungs-Strategie

Wenn du trotz Frühwarnsystem einen beginnenden Rückfall erlebst, kann diese bewährte Fünf-Schritte-Strategie ihn unterbrechen:

1. **Pausieren**: Halte bewusst inne und schaffe einen Moment der Besinnung.

2. **Benennen**: Benenne präzise, was gerade geschieht: "Ich bemerke, dass ich in altes Overthinking-Verhalten zurückfalle."

3. **Normalisieren**: Erinnere dich, dass Rückfälle normale Teile des Veränderungsprozesses sind, nicht Anzeichen von Scheitern.

4. **Refokussieren**: Richte deine Aufmerksamkeit auf deine Kernwerte und langfristigen Ziele.

5. **Klein handeln**: Setze sofort eine kleine, konkrete Handlung, um aus dem Overthinking auszubrechen.

Diese Strategie nutzt bewusst die präfrontalen Regionen des Gehirns, um die automatische Rückfallkette zu unterbrechen und neue neuronale Pfade zu aktivieren.

Deine persönliche Strategie für lebenslanges Handeln

Über die Rückfallprävention hinaus ist es wichtig, eine proaktive, langfristige Strategie für dein handlungsorientiertes Leben zu entwickeln. Diese Strategie sollte deine individuelle Situation, Werte und Ziele berücksichtigen.

Kernelemente einer persönlichen Handlungs-Strategie:

1. **Deine Handlungs-Philosophie**: Entwickle eine knappe, bedeutungsvolle Formulierung deiner Grundhaltung zum Handeln. Beispiele:

   o "Handeln schafft Klarheit, Reflexion schafft Weisheit – beides in Balance."

   o "Ich lerne durch Erfahrung, nicht durch Grübeln."

   o "Mutige Schritte, reflektierte Anpassung."

2. **Kernpraktiken**: Identifiziere 3-5 zentrale Praktiken, die für dich am wirksamsten waren, und integriere sie als feste Bestandteile deines Lebens. Mögliche Elemente:

   o Tägliche Mikroaktionen in Schlüsselbereichen

   o Wöchentliche Reflexion und Anpassung

   o Regelmäßige Unsicherheits-Exposition

   o Konsequente Anwendung der Entscheidungs-Triage

3. **Umgebungsdesign**: Gestalte deine physische und soziale Umgebung so, dass sie langfristig deine Handlungsorientierung unterstützt:

   o Visuelle Erinnerungen und Anker

   o Reduzierte Overthinking-Trigger

   o Unterstützendes soziales Netzwerk

   o Optimierter Informationskonsum

4. **Messsystem**: Entwickle ein leichtgewichtiges, nachhaltiges System zur fortlaufenden Beobachtung deiner Handlungskompetenz:

   o Monatlicher Selbst-Check-in

   o Quartalsweise tiefere Reflexion

   o Jährliche Neujustierung der Strategie

5. **Wachstumspfad**: Plane bewusst die Evolution deiner Handlungskompetenz:

   o Neue Bereiche, in denen du Handlungsorientierung entwickeln möchtest

   o Fortgeschrittene Praktiken, die du erforschen willst

   o Mentoring anderer als Weg zur Vertiefung deiner eigenen Praxis

Maria, eine Künstlerin, die ihr Overthinking überwunden hatte, beschreibt ihre langfristige Strategie: "Meine Handlungs-Philosophie ist 'Kreation durch Aktion, nicht Perfektion'. Meine drei Kernpraktiken sind: Tägliches 20-Minuten-Kreativitäts-Ritual ohne Vorbereitung, wöchentliche Veröffentlichung eines Werks ohne Überarbeitung und monatliche Unsicherheits-Challenges, bei denen ich neue Techniken ausprobiere. Ich habe mein Studio umgestaltet – weniger Bücher und Referenzmaterialien, mehr Raum für spontane Kreation. Jeden Monatsanfang reflektiere ich meine Fortschritte und passe meine Praktiken an. Dieser Ansatz hat nicht nur mein Overthinking transformiert, sondern auch meine künstlerische Produktivität verdreifacht."

ÜBUNG: Dein Langzeit-Handlungs-Plan

Entwickle deinen personalisierten Plan für lebenslanges handlungsorientiertes Wachstum:

1. **Lebensbereichs-Analyse**: Für jeden wichtigen Lebensbereich (Beruf, Beziehungen, persönliches Wachstum, etc.):

   o Aktuelle Handlungskompetenz einschätzen (1-10)

   o Konkrete Beispiele für verbleibendes Overthinking identifizieren

   o Spezifische Ziele für Handlungsorientierung formulieren

2. **Integration durch Gewohnheiten**: Für jeden Bereich:

   o Eine kleine tägliche Handlungsgewohnheit definieren

   o Eine wöchentliche Verstärkungs-Routine festlegen

   o Eine monatliche tiefere Praxis planen

3. **Ressourcen-Inventar**: Erstelle eine Liste aller Ressourcen, die deine langfristige Handlungsorientierung unterstützen:

   o Menschen, die dich inspirieren und unterstützen

   o Werkzeuge und Techniken, die für dich besonders wirksam sind

- Umgebungen, in denen du am handlungsorientiertesten bist

- Medien und Informationsquellen, die deine neue Identität stärken

4. **Entwicklungs-Timeline**: Plane deine Entwicklung in Zeitabschnitten:

   - Nächste 3 Monate: Konsolidierung der grundlegenden Praktiken

   - 6-12 Monate: Erweiterung auf neue Lebensbereiche

   - 1-3 Jahre: Vertiefung und Meisterschaft in zentralen Bereichen

5. **Legacy-Dimension**: Reflektiere, wie deine Transformation anderen nützen kann:

   - Wie könntest du deine Erkenntnisse weitergeben?

   - Wen könntest du auf seinem Weg vom Grübler zum Macher unterstützen?

   - Welchen breiteren Beitrag könnte deine Handlungskompetenz leisten?

Die Balance: Wann Nachdenken sinnvoll ist und wann du handeln solltest

Ein wichtiger Aspekt der langfristigen Integration ist die Entwicklung eines nuancierten Verständnisses für die richtige Balance zwischen Denken und Handeln. Das Ziel ist nicht, Nachdenken vollständig zu eliminieren, sondern es in seinen produktiven, zweckdienlichen Formen zu

kultivieren, während unproduktives Overthinking
überwunden wird.

**Die Unterscheidung zwischen produktivem Denken
und Overthinking:**

1. **Zeitliche Begrenzung**:

   o Produktives Denken: Hat einen klaren
   Anfang und ein definiertes Ende

   o Overthinking: Endlose Schleifen ohne
   natürlichen Abschluss

2. **Emotionaler Zustand**:

   o Produktives Denken: Ruhig, fokussiert,
   energetisierend

   o Overthinking: Angespannt, erschöpfend,
   energieraubend

3. **Ergebnisorientierung**:

   o Produktives Denken: Führt zu Klarheit und
   Handlungsimpulsen

   o Overthinking: Führt zu mehr Verwirrung
   und Handlungslähmung

4. **Flexibilität**:

   o Produktives Denken: Betrachtet
   verschiedene Perspektiven und passt sich
   an

   o Overthinking: Fixiert auf bestimmte
   Gedankenbahnen, oft katastrophisierend

Richtlinien für die produktive Balance:

1. **Die Zweck-Frage**: Bevor du in tieferes Nachdenken einsteigst, frage dich:

   - "Was ist der konkrete Zweck dieses Nachdenkens?"

   - "Welche spezifische Entscheidung oder Einsicht suche ich?"

   - "Wie werde ich erkennen, dass ich genug nachgedacht habe?"

2. **Die Zeitbegrenzungs-Strategie**: Setze klare zeitliche Grenzen für Reflexionsphasen:

   - Verwende einen Timer für Denkphasen

   - Plane spezifische "Denkzeiten" in deinen Tag ein

   - Halte dich an die 10/10/10-Regel: Wie wirst du über diese Entscheidung in 10 Minuten, 10 Monaten und 10 Jahren denken?

3. **Die Handlungs-Test-Methode**: Nutze kleine Handlungen als Test, ob weiteres Nachdenken nötig ist:

   - Führe eine Miniversion der Handlung durch

   - Sammle reales Feedback statt hypothetischer Szenarien

o   Lasse die Erfahrung dein weiteres Denken informieren

4. **Die Expertisen-Anpassung**: Passe das Verhältnis von Denken und Handeln an dein Expertiseniveau an:

   o   Anfänger in einem Bereich: Mehr Handeln, weniger Denken (Lernen durch Erfahrung)

   o   Fortgeschrittene: Balanciertes Verhältnis von Reflexion und Aktion

   o   Experten: Gezieltes, tiefes Nachdenken, ergänzt durch routinierte Handlung

Dr. Robert, ein Klinischer Psychologe, beschreibt seinen Ansatz: "Nach Jahren des Kampfes mit Overthinking habe ich ein einfaches System entwickelt: Ich frage mich bei jeder Denkphase 'Dient dieses Nachdenken einem konkreten Handlungsziel?' und 'Werde ich nach X Minuten des Nachdenkens tatsächlich mehr wissen?' Wenn die Antwort auf eine dieser Fragen 'Nein' ist, ist es Zeit zu handeln. Für wichtige klinische Entscheidungen setze ich mir eine angemessene Denk-Zeit, recherchiere gezielt, konsultiere bei Bedarf Kollegen – und treffe dann eine entschlossene Entscheidung. Diese Balance hat meine klinische Praxis deutlich verbessert und gleichzeitig meine Lebensqualität gesteigert."

Zusammenfassung: Deine lebenslange Reise vom Denker zum Macher

Die Transformation vom chronischen Overthinking zur ausgewogenen Handlungsorientierung ist keine einmalige Errungenschaft, sondern eine lebenslange Reise. Die wichtigsten Einsichten für diesen Weg:

1. Rückfälle sind normal und zu erwarten – mit dem richtigen Frühwarnsystem und Interventionsstrategien können sie als Lernchancen genutzt werden.

2. Eine persönliche Langzeitstrategie, die Kernpraktiken, Umgebungsgestaltung und regelmäßige Reflexion umfasst, sichert nachhaltige Veränderung.

3. Die wahre Meisterschaft liegt nicht in der vollständigen Elimination des Nachdenkens, sondern in der weisen Balance zwischen produktivem Denken und entschlossenem Handeln.

4. Die Integration deiner Handlungskompetenz in alle Lebensbereiche und die Weitergabe deiner Erkenntnisse an andere vertiefen deine Transformation.

5. Der Weg vom Denker zum Macher ist ein Prozess fortlaufenden Wachstums – mit jedem Schritt erweiterst du deine Fähigkeit, ein erfülltes,

wirksames Leben zu führen.

In den Worten des Philosophen Seneca: "Es ist nicht, weil die Dinge schwierig sind, dass wir nicht wagen; es ist, weil wir nicht wagen, dass die Dinge schwierig sind." Mit deiner neuen Identität als handlungsorientierter Mensch hast du den Mut gefunden, zu wagen – und damit die Tür zu einem Leben geöffnet, das nicht von Overthinking begrenzt, sondern von mutigem Handeln und weiser Reflexion geprägt ist.

Auf dieser Reise wirst du entdecken, dass das wahre Gegenteil von Overthinking nicht gedankenloses Handeln ist, sondern präsentes, bewusstes Engagement mit dem Leben – ein Zustand, in dem Denken und Handeln nicht im Konflikt stehen, sondern in harmonischer Partnerschaft dem Ausdruck deines vollen Potenzials dienen.